创业教育规划教材·ERP应用实务系列

U0369343

ERP人力资源管理实务

高毅蓉　高建丽　王新玲　编著

清华大学出版社

北　京

内 容 简 介

本书以真实的机械制造行业企业原型为平台，重点介绍了信息系统环境下人力资源管理中的员工管理、绩效管理和薪酬管理等职能工作的方法和流程。全书精心设计了十二个实验，并提供了实验准备账套和结果账套，每个实验紧紧围绕企业人力资源管理职能模块设计，以期达到提高学生人力资源管理实际业务能力的目的。各实验可以连续操作，也可以根据实际情况有选择性地学习，适应了不同层次的教学与自学的需要。

为便于教学，本书附带一张光盘，内容包括用友 ERP-U8.72 教学版软件、实验账套。

本书既可以作为普通高等院校本、专科人力资源管理及经济管理等相关专业的教学实验用书，也可以作为企业信息化管理人员及相关业务人员的培训教材。

图书在版编目(CIP)数据

ERP 人力资源管理实务/高毅蓉，高建丽，王新玲　主编. —北京：清华大学出版社，2011.9（2022.8 重印）
(创业教育规划教材·ERP 应用实务系列)

ISBN 978-7-302-26460-6

Ⅰ. ①E…　Ⅱ. ①高…　②高…　③王…　Ⅲ. ①企业管理：人力资源管理—计算机管理系统，ERP—教材
Ⅳ. F232.92-39

中国版本图书馆 CIP 数据核字(2011)第 165549 号

责任编辑：刘金喜
封面设计：唐　宇
版式设计：孔祥丰
责任校对：胡花蕾
责任印制：杨　艳

出版发行：清华大学出版社
　　　　　网　　　址：http://www.tup.com.cn, http://www.wqbook.com
　　　　　地　　　址：北京清华大学学研大厦 A 座　　　　　邮　　编：100084
　　　　　社 总 机：010-83470000　　　　　邮　　购：010-62786544
　　　　　投稿与读者服务：010-62776969，c-service@tup.tsinghua.edu.cn
　　　　　质量反馈：010-62772015，zhiliang@tup.tsinghua.edu.cn

印 装 者：三河市龙大印装有限公司

经　　销：全国新华书店

开　　本：185mm×260mm　　　　印　张：11.25　　　　字　数：261 千字
　　　　　（附光盘 1 张）

版　　次：2011 年 9 月第 1 版　　　　　印　次：2022 年 8 月第 11 次印刷

定　　价：48.00 元

产品编号：043500-03

丛书编委会

主 任：

刘传庚　山东工商学院

委 员：

邹德平　山东工商学院

宋　健　用友新道科技有限公司

王新玲　用友新道科技有限公司

邹　焱　用友软件股份有限公司烟台分公司

石永昌　山东工商学院

崔　沪　山东工商学院

梁美健　山东工商学院

刘　华　山东工商学院

周金刚　山东工商学院

王西兵　山东工商学院

总　　序

　　随着大学生就业形势的日益严峻，如何培养具有创新精神和创业能力的高素质、应用型人才，逐渐成为我国高等教育改革所必须解决的迫在眉睫的问题。在高等学校中大力推进创新创业教育，对于促进高等教育科学发展，深化教育教学改革，提高人才培养质量具有重大的现实意义和长远的战略意义。

　　2010 年颁布的《教育部关于大力推进高等学校创新创业教育和大学生自主创业工作的意见》中明确指出，要把创新创业教育有效纳入专业教育和文化素质教育教学计划和学分体系，建立多层次、立体化的创新创业教育课程体系。突出专业特色，创新创业类课程的设置要与专业课程体系有机融合，创新创业实践活动要与专业实践教学有效衔接，积极推进人才培养模式、教学内容和课程体系改革。

　　我国的创新创业教育目前所面临的最大的问题就是创新创业教育课程体系不健全，缺乏有针对性的、面向实务的、系统的、高质量的创业教育教材。按照所提出的问题，本套系列教材致力于将创新创业教育与经管类各专业教育相融合，打破传统的专业界限，将企业经营管理过程中项目、财务、采购、生产、销售、供应链和人力资源管理等若干知识，以 ERP 应用实务为主线，以真实的机械制造行业企业原型为平台来进行贯通，力求使读者在学习完整套系列教材后，能在企业的经营管理活动及过程等方面对创新创业有一个系统的、全面的认识，为将来的就业和创业打下基础。

　　《创业教育规划教材·ERP 应用实务系列》由以经济管理特色见长的山东工商学院携手亚太本土最大的管理软件提供商——用友软件股份有限公司联合推出。教材中机械制造行业企业的原型平台搭建由用友软件股份有限公司的资深顾问负责，教材的编写主要由山东工商学院的中青年教师负责，教材的主审和学术把关由学校的老一辈学术带头人和用友软件股份有限公司的高层顾问和领导负责。由于写作时间和作者水平所限，这套系列教材中难免有疏漏之处，敬请同行专家与广大读者批评指正。

山东工商学院教务处处长　　　　　教授

前　　言

20 世纪 90 年代以来，ERP(企业资源计划，Enterprise Resource Planning)在企业界得到了越来越广泛的应用，它在信息技术基础上，以系统化的管理思想，为企业决策层及员工提供决策运行手段的管理平台。ERP 系统集信息技术与先进管理思想于一身，对于改善企业业务流程、提高企业核心竞争力具有显著作用。在我国的 ERP 系统实践中，一般是以生产制造及销售过程(供给链)为中心，因此把和制造资源有关的资源作为企业的核心资源来进行管理。但近年来，企业内部的人力资源开始越来越受到企业的关注，如何吸引优秀人才、合理安排人力资源、降低人员成本成为企业提高竞争力的重要决策。在用友 ERP 系统中，人力资源管理作为一个独立的模块，被加入到了 ERP 的系统中来，和 ERP 中的财务、生产系统组成了一个高效的、具有高度集成性的企业资源系统，人力资源管理系统在企业管理中的重要作用得到了充分体现。

基于上述背景，我们计划出版系列教材，详细介绍 ERP 软件各子系统功能及操作流程，使学习者对企业人力资源管理活动及过程有一个较为清晰的认识。本教材主要讲解用友 ERP-U8.72 版本人力资源管理系统中人事管理、薪资管理、保险福利管理、考勤管理、人事合同管理、招聘管理、培训管理、绩效管理、宿舍管理等模块，一方面让学习者熟练掌握人力资源管理业务循环的具体操作步骤，同时也可以从 ERP 系统中获取管理企业所需的人力资源管理信息。本书采用先进的人力资源管理理念，将人力资源的人事、培训、考核和薪酬等数据资源规范为统一的综合数据库，充分利用各种统计、查询等方法和工具，全方位、多层次地进行人力资源管理，并通过分级、分块管理和维护，实现整个企业的信息互通共享。

本书与本系列其他教材共同以机械行业为背景，采用一个企业的真实经营业务，遵循循序渐进的原则，在阐明人力资源管理系统与其他系统、人力资源管理系统内部各部分之间关系的基础上，详细介绍企业人力资源管理各环节的业务处理方法与流程，力求达到使学习者全面深入了解人力资源管理、掌握实际业务操作的目的。

本书共包括 12 章，以用友 ERP-U8.72 为实验平台，以一个企业的人力资源管理活动贯穿始终，从第 2 章到第 12 章的实验中，每个实验均包含实验准备、实验目的、实验内容、实验方法与步骤，并对实验中可能遇到的问题给予特别提示。实验准备部分指出了为了完成本实验应该准备的数据环境；实验目的部分明确了通过该实验应该掌握的知识点；实验方法与步骤部分针对实验要求和实验资料具体描述了完成实验的操作步骤，并且给出了操作中应该注意的重点问题。本书附录中另外提供了一套综合练习题，以检验学员是否掌握了实验教程中所讲述的内容。

本书不仅可以作为高校人力资源管理、企业管理、行政管理、社会保障、财务会计、物流管理等管理类专业的教学用书，也可以作为软件技术等相关专业的教学用书，还可以作为企业信息化管理人员及相关业务人员的培训教材。

为便于教学，本实验教程附带教学光盘，包含用友 ERP-U8.72 教学版软件、各实验的备份数据，以方便读者学习和使用。

本书的内容与结构由用友 ERP 应用实务系列规划教材编写组集体讨论决定，由高毅蓉、高建丽和王新玲主编，其中第 1～6 章由高毅蓉和王新玲编写，第 7～12 章由高建丽和王新玲编写。参与编写的人员还有陈利霞、房琳琳、吕志明、彭飞、宋郁、石焱、张冰冰等。本书在编写过程中得到了山东工商学院商学实验中心、用友集团北京总部以及烟台分公司培训部同仁的帮助和支持，特别是用友集团烟台分公司的葛红老师、烟台分公司培训部邢树生老师为本书的编写出版提供了很多的帮助。此外，感谢山东工商学院的金丽娜同学和孙文浩同学为本书的编写提供了资料整理、排版、校对等大量辅助性工作，同时我们也借鉴了一些企业管理和信息化建设的相关资料与文献，在此表示衷心的感谢。

编　者

光盘使用说明

本书所附光盘内容包括用友 ERP-U8.72 教学版软件、实验账套。

1. 用友 ERP-U8.72 软件安装

本书是在用友 ERP-U8 系统中进行实务操作的，您必须在计算机中安装用友 ERP-U8.72 教学版软件，然后进行实务操作。

用友 ERP-U8.72 的安装步骤和所需要的组件较多，具体的安装方法和设置请参见光盘中的"U8.72 安装说明.doc"文档。

2. 账套使用方法

光盘中的备份账套均为"压缩"、"只读"文件，应首先将相应的压缩文件从光盘上复制到硬盘上，再用解压缩工具进行解压缩(建议用 WinRAR3.42 或以上版本进行解压缩)，得到相应可以引用的账套。引入账套之前，将已解压到硬盘中的账套备份文件的"只读"属性去掉，否则将不能引入相应的账套。

您可以在做实验前引入相应的账套，也可以将实验结果与备份账套相核对以验证实验的正确性。

目　　录

第 1 章

走近《ERP 人力资源管理实务》

ERP 是 Enterprise Resource Planning(企业资源计划)的简称，是 20 世纪 90 年代美国一家 IT 公司根据当时计算机信息、IT 技术发展及企业对供应链的需求，预测今后信息时代企业管理信息系统的发展趋势和即将发生的变革，而提出的概念。ERP 是针对物资资源管理(物流)、人力资源管理(人流)、财务资源管理(财流)、信息资源管理(信息流)集成一体化的企业管理软件，它由 Gartner Group 开发，描述了下一代制造商业系统和制订资源计划(MRP II)。在 ERP 管理系统的建设中，人力资源管理系统可以帮助企业规范与优化人员招聘、绩效管理、薪资管理等各项业务流程，收集、汇总并处理 HR 业务进行中发生的各种数据，为企业的管理决策提供依据，从而实现企业各项资源的有效运用，提高企业的运营效率与市场竞争能力。

1.1 实务教程使用导航

1.1.1 设计思想

本教程是为贯彻教育部"把创新创业教育有效纳入专业教育和文化素质教育教学"思想指导，满足经管类各学科拓宽专业基础、强化实验教学、优化整体教学体系的教学改革形势，面向应用型高校财经类人才的 ERP 管理系统通识教育需要而设计的。本教程共包括 12 章，每章的实验，均包含实验目的、实验准备、实验内容、实验资料、实验要求及实验方法与步骤，上机实验部分是本教程的重点。实验目的部分明确了通过实验应掌握的知识和应达到的预期效果；实验准备部分将实验中用到的理论知识和专业术语进行简明扼要的介绍，以便于学生了解和熟悉；实验内容部分简要介绍了每个实验应完成的主要工作；实验资料部分提供了企业发生的真实业务状况与数据；实验要求部分对完成实验提出具体的要求；实验方法和步骤部分则根据企业发生的经济业务介绍如何进行具体的操作指导，并对实验中可能遇到的问题给予特别提示。

为便于教学，本实验教程附带教学光盘，其中包含用友 ERP-U8.72 教学版软件、各实验的备份数据、教学课件，以便读者学习和使用。

1.1.2 编写特色

1. 体系完整，数据真实

实验教程中实验数据以一个真实的机械行业企业原型为背景，以企业真实经营业务过程为主线贯穿始终，并与财务、生产制造、供应链管理、客户关系管理等其他系列教材实现共享，上机实验则阐述 ERP 人力资源管理系统的业务处理流程与系统的操作，使企业的整个管理与流程反映得更加清晰和完整。

2. 资料齐备，使用便捷

实验教程中对每个实验结果都保留了一个标准账套，这样，学生既可通过它对照自己的实验结果，也可以在实验数据不完备的情况下，按照实验中"实验准备"内容的要求，把基础数据引入系统，以开始下一内容的实验，从而有效地利用教学时间。

3. 实验项目自主选择

考虑到不同教学对象的基础、课程学时不同，因此实验设计为"拼板"方式，既可以由上至下顺序进行，也可以由教师根据教学条件的具体情况，结合学生基础和教学目标，任意选择其中的若干实验，给予教学最大限度的自由度。

4. 学习方式灵活

考虑到在一定的教学条件下，很多实验在规定的教学学时内无法安排，需要由学生在课外自行完成，因此对每个实验的方方面面都做了周密考虑，在实验原理部分，将理论知识进行简要概述，尤其是操作指导部分，针对不同业务给予非常详尽的操作步骤，以此为对照，学生便可以按部就班地完成全部实验，掌握管理软件的精要。

5. 在实践中学习理论

本教材立足于创新创业人才的培养，在实践中学习人力资源管理相关的理论知识，让学生更直观地了解人力资源管理相关信息的搜集过程以及数据处理的流程和结果。

1.1.3　学习建议

本实验教程旨在让学生了解人力资源管理的原理，体验人力资源管理信息化的优势，熟悉和掌握人员招聘、考核、管理等各处理模块的基本操作。因此在学习时，可采用以下两种学习路线。

1. 理论——实践

在每个实验开始之前，通过实验的介绍，让学生了解实验的相关理论知识和原理，然后通过实验进行验证，最后再回到理论。其优点是在掌握基本理论的基础上，通过实验检验理论的有效性，从而更好地理解相关理论知识。

2. 实践——理论

先根据实验操作指导进行实验操作，然后对实验结果进行分组讨论和总结，最后上升至相关理论知识。其优点是从实践到理论更直观易懂，更符合理论来源于实践的原则，对学生创新性思维和能力培养有着积极的推动作用。

本教程的实验课时应根据学生的不同层次、不同需求进行灵活安排，建议每个实验约2~4 学时(具体的学时安排见表 1-1)。人力资源管理系统在 ERP 系统中是一个相对独立的系统，因此可以设计为单独的实验课程。

表 1-1　实验内容学时分配表

实 验 内 容	讲 授 课 时	上 机 课 时	合 计
实验一　系统管理及基础档案设置	1	1	2
实验二　机构人员基础设置	1	1	2
实验三　HR 基础设置	0.5	1.5	2
实验四　人事管理	0.5	3.5	4
实验五　薪资管理	0.5	3.5	4
实验六　保险福利管理	0.5	1.5	2
实验七　考勤管理	0.5	3.5	4
实验八　人事合同管理	0.5	1.5	2
实验九　招聘管理	0.5	1.5	2
实验十　培训管理	0.5	1.5	2
实验十一　绩效管理	0.5	3.5	4
实验十二　宿舍管理	0.5	1.5	2
总计	7	25	32

1.2 认识机械行业原型企业

1.2.1 机械行业特色认知

机械制造业是历史悠久的工业形式,今天,机械制造业依旧是我国最主要的工业之一,是我国国民经济的核心。具体可分为石化机械行业、机床工具行业、农业机械行业、工程机械行业、机械基础行业、汽车工业、仪器仪表工业、重型矿山机械行业等。加入 WTO 和经济全球化后,我国正在成为制造业的中心,同时也正面临着国内外市场的激烈竞争。竞争要求企业产品更新换代快、产品质量高、价格低、交货及时、服务好。掌握市场竞争的武器又与企业管理的模式、方法、手段、组织结构、业务流程密切相关。因此,追求精细化管理、提高经营管理效率,从而全面提升企业的核心竞争力,在机械设备行业中显得尤为重要。这也是中国从机械制造大国迈向机械制造强国的关键因素之一。

机械制造行业经营模式多样,产品结构和制造工艺相对复杂,该行业主要是通过对金属原材料物理形状的改变、加工组装进而成为产品。其生产的主要特点是:离散为主、流程为辅、装配为重点。工业生产基本上分为两大方式:离散型与流程型。离散型是指以一个个单独的零部件组成最终产成品的方式,因为其产成品的最终形成是以零部件的拼装为主要工序,所以装配自然就成了重点。流程型是指通过对一些原材料的加工,使其形状或化学属性发生变化,最终形成新形状或新材料的生产方式,诸如冶炼就是典型的流程型工业。

机械制造业传统上被认为属于离散型工业,虽然其中诸如压铸、表面处理等属于流程型的范畴,不过绝大部分的工序还是以离散为特点。所以,机械制造业并不是绝对的离散型工业,其中还有部分流程型的特点。具体有以下几个特点。

(1) 机械制造业的加工过程基本上是把原材料分割,然后逐一经过车、铣、刨、磨等加工工艺,部件装配,最后装配成成品出厂。

(2) 生产方式以按订单生产为主,按订单设计和按库存生产为辅。

(3) 产品结构(BOM)复杂,工程设计任务很重,不仅新产品开发要重新设计,而且生产过程中也有大量的设计变更和工艺设计任务,设计版本在不断更新。

(4) 制造工艺复杂,加工工艺路线具有很大的不确定性,生产过程所需机器设备和工装夹具种类繁多。

(5) 物料存储简易方便,机械制造业企业的原材料主要是固体(如钢材),产品也为固体形状,因此存储多为普通室内仓库或室外露天仓库。

(6) 机械制造业企业由于主要是离散加工,产品的质量和生产率很大程度依赖于工人的技术水平,而自动化程度主要在单元级,例如数控机床、柔性制造系统等。因此机械制造业也是一个人员密集型行业,自动化水平相对较低。

(7) 产品中各部件制造周期长短不一和产品加工工艺路线的复杂性造成在制品管理不易。且在生产过程中经常有边角料产生,部分边角料还可回收利用,边角料管理复杂。

(8) 生产计划的制订与车间任务工作繁重。由于产品种类多，零件材料众多，加工工艺复杂，影响生产过程的不确定因素多，导致制订生产、采购计划困难。

(9) 产品零部件一般采用自制与委外加工相结合的方式。一般电镀、喷漆等特殊工艺会委托外协厂商加工。

1.2.2　原型企业现状呈现

1. 企业概况

烟台川林有限公司是生产经营各种密封垫片、内燃机气缸垫片为主的专业厂家，是国内最大的生产密封产品的企业之一。该公司独家引进日本技术和生产流水线，在消化吸收的基础上，已形成十几条密封垫片生产线的生产能力，从产品开发设计、生产、检测到销售、服务采取一条龙生产经营模式。该公司为一汽大柴、重汽潍柴等主机和石化企业生产配套密封垫片，并出口日本、韩国、中国台湾、澳大利亚、东南亚及中东地区。

2. 公司组织结构(图 1-1)

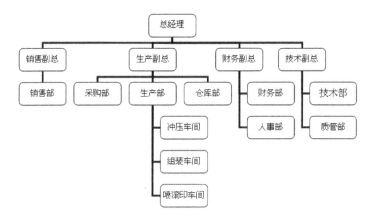

图 1-1　烟台川林有限公司组织结构图

3. 公司管理中存在的问题

由于机械行业固有的特点，烟台川林有限公司生产经营以及管理等方面面临着诸多难题。具体包括以下几个方面。

(1) 产品交货率低、客户及市场信息反馈不及时。由于市场和客户对产品交货期的要求越来越短，订单变化快、生产周期又相对较长。公司在生产制造的各个环节不能快速有效地响应客户对订单的变更要求、调整生产计划、准确预测订单交货期，从而出现了产品交货不及时，对客户的需求变化以及对客户应收账款等信息掌握不及时的现象。

(2) 销售预测数据不准。销售预测的准确程度对企业整个全面预算的科学和理性起着至关重要的作用。由于销售预测数据的不准确，导致生产预算以及直接材料预算、直接人工预算、制造费用预算不准确，从而很难对资金和成本进行全面预算。

(3) 产能不足，未能考虑产能安排生产。由于车间或工作中心的产能不能满足订单的交货期要求，公司不能及时了解各车间、班组、工序的产能情况，没有合理地在现有总产能的基础上进行分配，造成生产安排不合理。

(4) 生产计划靠人为手工管理，未能充分考虑在产和在途情况，导致生产计划和采购计划混乱。在手工或和传统管理模式下，生产计划由生产部门编制，采购计划由采购部门根据生产计划、材料定额和产品配套清单，编制采购计划；生产计划分级管理，企业生产部门下达各生产车间的产品项目，生产车间再根据企业下达的计划分解到本车间需要配套的下级产品。车间用料无定额控制，浪费严重，导致生产成本过高。

(5) 车间生产过程无跟踪控制，无法掌握生产进度。由于制造工艺复杂，从第一道工艺开始到最后一道工艺完成，其间所需要的时间通常是数天甚至数周。众多的零部件分布于多个房间，各道公益分别已经完成多少数量，还要花多长时间才能完成？各道工序当前在制品数量为多少？目前进行哪一道工艺等信息无法准确及时得到，造成在制品数量过多，财务不准。

(6) 库存占用资金严重。由于公司产品零件及辅料较多，仓管人员对各类零部件的存货数量、存放位置以及临时性的领退料情况难以掌握，导致库存存货数量过多，占用了大量的资金。

(7) 部门间业务衔接不顺畅。技术研发、生产部门、仓储、采购等部门的衔接非常困难，部门之间信息不能共享，数据不及时、不准确。

4. 信息化规划

由于面临上述管理中存在的问题，只依靠手工处理这些信息，协调企业运营各环节中出现的矛盾是不够的，只有借助 ERP 这样的先进管理工具，通过信息化平台建设才能更好地解决这些问题。烟台川林有限公司在进行信息化建设中需要解决以下几个主要问题。

(1) 如何分析每个客户、区域市场、不同产品的规模、比重和利润贡献？

(2) 如何能随时了解订单发货情况、生产完工状态、应收账款情况？

(3) 如何根据销售需求制订可行、高效的生产计划？

(4) 如何根据客户的需求变更快速进行生产计划的调整，并将生产计划调整的信息快速导入到相关的作业部门，包括生产车间、供应部门、仓储部门和质量部门，以实现一个体系的供需平衡？

(5) 如何对已经下达的作业计划进行跟踪控制，保证计划的按时、保质、保量的正常进行，实现对客户订单的适时交付？

(6) 如何在生产执行过程中对物料、设备、人员等信息实行准确记录，实现精细成本核算和对象量化考核管理需求？

(7) 如何准确掌握客户和供应商的应收账款、应付账款信息？

为实现以上管理目的，该企业选择了用友 ERP-U8 企业管理软件。该软件面向离散型和半离散型的制造企业资源管理的需求，遵循以客户为中心的经营战略，以销售订单及市场预测需求为导向，以计划为主轴，覆盖了面向订单采购、订单生产、订单装配和库存生产四种制造业生产类型，并广泛应用于机械、电子、食品、制药等行业。

1.2.3　认识信息化平台用友 ERP-U8

1. 用友 ERP-U8 功能特点

用友 ERP-U8 以精确管理为基础，以规范业务为先导，以改善经营为目标，提出"分步实施，应用为先"的实施策略，帮助企业"优化资源，提升管理"。用友 ERP-U8 为企业提供一套企业基础信息管理平台解决方案，满足各级管理者对不同信息的需求：为高层经营管理者提供决策信息，以衡量收益与风险的关系，制定企业长远发展战略；为中层管理人员提供详细的管理信息，以实现投入与产出的最优配比；为基层管理人员提供及时准确的成本费用信息，以实现预算管理、控制成本费用。其功能特点如下：

(1) 及时发现问题

为适应外在环境的快速变化，管理者应具有高敏感度的意识，借助有效的决策支持工具，以体验组织内外部环境的变化，进而突显问题点。

(2) 正确做出决策

在市场变化迅速、竞争异常激烈的时代，任何依赖于经验的决策都是非常危险的。科学决策是在全面、及时掌握信息的基础上，从全局角度出发，把握关键问题，快速应对变化。

(3) 严密制订计划

从决策到计划的过程必须反复推敲其严密性，寻求最佳业务实践，以帮助用户确定更加有效的计划。一个具有明晰的流程设计和明确的角色分工的计划，是达成预先设定目标的保障。

(4) 有效执行控制

必须实现数据的自动运算和按流程自动流转，减少人为干预；建立预警机制，反馈异常情况；实现业务追溯，发现问题根源，才能保障严格按计划执行，有效控制变化。

(5) 快速分析评估

经过量化的分析和论证才能正确的、全面的评估经营状况。通过实时的、多角度的查询与分析，全面的指标体系监控，从而快速掌控整体业务运转情况，实现有效的预测。

2. 用友 ERP-U8 总体结构

用友 ERP-U8.72 根据业务范围和应用对象的不同，分为财务管理、集团应用、客户关系管理、供应链管理、生产制造、分销管理、零售管理、决策支持、人力资源等系列产品(见图 1-2)，各系统之间信息高度共享。各系列产品的详细功能模块如表 1-1 所示。

表 1-1　用友 ERP-U8.72 模块构成及功能表

应 用 功 能	明 细 模 块
财务管理	总账、出纳管理、应收管理、应付管理、固定资产、UFO 报表、网上银行、票据通、网上报销、现金流量表、预算管理、成本管理、项目管理、资金管理、报账中心
供应链管理	合同管理、售前分析、销售管理、采购管理、委外管理、库存管理、存货核算、质量管理、GSP 质量管理、进口管理、出口管理、序列号、VMI
生产制造	物料清单、主生产计划、需求规划、产能管理、生产订单、车间管理、工序委外、工程变更、设备管理
客户关系管理	客户关系管理(客户管理、商机管理、活动管理、费用管理、市场管理、统计分析、调查管理)、服务管理
人力资源	HR 基础设置、人事管理、薪资管理、计件工资(集体计件)、人事合同、考勤管理、保险福利、招聘管理、培训管理、绩效管理、员工自助、经理自助
决策支持	专家财务评估、商业智能
集团应用	结算中心、网上结算、集团财务、合并报表、集团预算、行业报表
零售管理	零售管理端：价格管理、折扣管理、VIP 管理、统计查询、门店业务管理、基础设置、数据准备、数据交换、系统管理 门店客户端：零售管理、店存管理、日结管理、基础设置、系统管理、联营管理
分销管理	通路管理、供应商自助、客户商务端、综合管理、业务记账、分销业务
系统管理与应用集成	系统管理、应用平台、企业门户、EAI 平台、金税接口、零售接口、远程接入
移动 ERP	重要消息及待办审批事项、业务管理、领导信息查询及经营分析

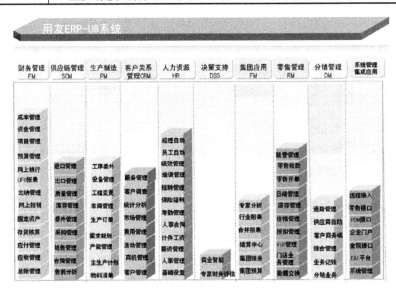

图 1-2　用友 U8.72 产品范围

3. 数据关联

用友 U8 采用了将管理软件中各个模块一体化的设计模式，各子系统高度集成，数据做到了融会贯通，有机地结合成一个整体，满足用户经营管理的整体需要。各模块与企业物流、资金流、信息流的关系如图 1-3 所示；各功能模块之间的数据关联如图 1-4 所示。

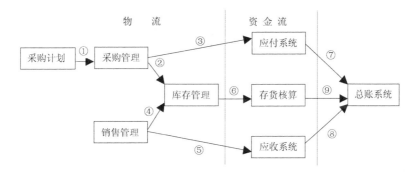

图 1-3　各模块与企业物流、资金流、信息流的关系

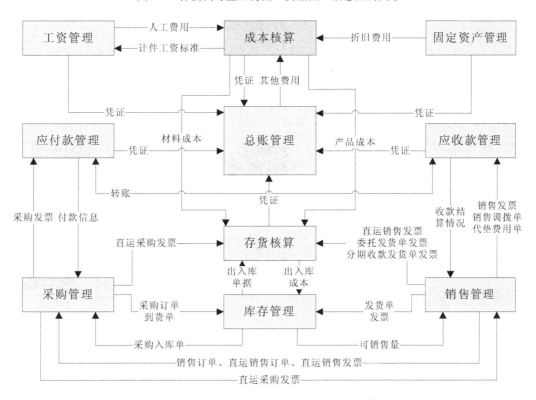

图 1-4　各功能模块之间的数据关联

第2章

系 统 构 建

2.1 系统概述

人力资源管理系统(Human Resources Management System，HRMS)包括人事日常事务、薪酬、招聘、培训、考勤、绩效考核以及其他人力资源管理,如图 2-1 所示，也指运用系统学理论方法，对企业的人力资源管理进行全方面的分析、规划、实施、调整,提高企业人力资源管理水平,使人力资源更有效地服务于组织或团体目标。企业采用人力资源管理系统最主要的原因是,希望借助人力资源管理系统将人力资源运用到最佳经济效益,更多的企业已认识到人力资本的重要性更不小于甚至超越土地、厂房、设备与资金等。人力资

图 2-1 人力资源管理系统图

源管理系统最早出现于 20 世纪 60 年代末期,除了能自动计算人员薪酬外,几乎没有更多如报表生成和数据分析等功能，也不保留任何历史信息。20 世纪 70 年代末,人力资源系统对非财务人力资源信息和薪资的历史信息都进行设计,也有了初级的报表生成和数据分析功能。20 世纪 90 年代末,人力资源管理系统迅速发展,HRMS 的数据库将几乎所有与人力资源相关的数据都进行了收集与管理,是更有强力报表生成工具、数据分析工具和信息共享的实现。

用友 ERP 人力资源管理系统作为相对独立的职能管理系统，具有以下特点：

(1) 与供应链管理、生产管理和财务管理等其他 ERP 模块的兼容性。人力资源管理系统和企业内部其他系统兼容，为企业各业务系统乃至整个企业提供人力资源管理服务，在一定程度上节约了企业因更新系统的重新培训和资本再投入的费用。

(2) 系统功能随着企业业务和管理的调整而改变的灵活性。人力资源管理系统可以按企业需求灵活定制，适合企业现行管理模式，而且能针对现在企业发展趋势定制未来发展模式。例如，绩效管理系统的设计可以满足 KPI、平衡计分卡、PBC 等各种考核体系的设计，因此系统支持企业组织结构调整和工作流程优化重组。这样就能减少企业二次开发的成本，并且能充分满足公司的需求。

(3) 异地共同办公的共享性。通过建立统一的数据库，可实现数据信息一处录入，处处可用，消除重复性工作和保证信息一致性。因此也适合集团分公司和行业系统用户的分布机构或下级单位的广域信息共享。同时，数据库系统提供用户管理和备份/恢复等安全机制，并且通过内部用户管理、用户操作权限设置和关键业务启用和关闭功能，进一步提高了系统的安全性。

2.1.1　功能概述

用友 ERP 人力资源管理系统主要有 HR 基础设置、人事管理、薪资管理、保险福利管理、考勤管理、招聘管理、人事合同管理、培训管理、绩效管理、宿舍管理、经理自助、员工自助等功能模块，从而实现战略管理、管理控制和事务处理三个不同层次的管理目标，如图 2-2 所示。

1. HR 基础设置

此模块是维护人力资源系统的数据字典，U8 人力资源系统的数据分为人员、部门、职务、岗位、人才、单位、其他共七大类信息，各类又由若干信息集组成；信息项是对应实际应用表的字段。在系统实施阶段或运行阶段，可以使用该功能调整人力资源系统的数据结构。

2. 人事管理

人事管理模块主要是管理用人单位内部在职或任职过的人员的相关信息，包括单位管理、部门管理、职务管理、岗位管理、继任人计划、编制管理、组织机构图和岗位任职人员等。另包括人员进入单位后的报到、任职、内部调动及离职等管理，还提供了满足人力资源查询的各类人事报表。

3. 薪资管理

用于各类企业、行政事业单位进行工资核算、工资发放、工资费用分摊、工资统计分析和个人所得税核算等。另提供满足各查询条件的报表和汇总表。

4. 保险福利管理

包括管理单位要核算的四险一金(基本养老保险、基本医疗保险、失业保险、工伤保险、住房公积金)等国家或地方政府规定的法定福利,也可以管理如补充养老保险、补充医疗保险等企业福利,内容包括各保险、公积金的计算和缴纳和费用的分摊等。

5. 考勤管理

用于各类企业、机关事业单位进行考勤管理,考勤结果可以传递到工资系统用以核算工资,如加班费、缺勤扣款、出差补贴、夜班津贴等。系统支持直接导入考勤机协作厂家的原始考勤记录(如刷卡记录),根据设置自动计算加班工时等。内容包括考勤班组,类别和班次的设置信息,人员正常上班的刷卡记录和调休或休假等信息的记录,另提供了考勤日报和月报等数据汇总报表。

6. 招聘管理

主要根据用人单位需要选择招聘渠道,制定招聘需求和招聘计划,管理应聘者的应聘资料和保存相关的应聘简历等。

7. 人事合同管理

此模块用于对用人单位与劳动者个人签订的各种劳动合同 (例:固定期限劳动合同、无固定期限劳动合同、任务型劳动合同、劳务派遣合同、非全日制劳动合同)、人事协议(例:岗位协议、保密协议、培训协议)。合同管理最重要的是随时记得每个人的合同期限、合同的到期预警。

8. 培训管理

根据用人单位制订的培训计划或临时需要,安排培训活动,并可通过邮件或短信方式将活动信息发送给培训对象及相关人员,记录培训参加情况、培训成绩、培训费用、培训时间等相关员工培训档案及评估培训活动效果等。

9. 绩效管理

模拟企业实际绩效管理业务,针对绩效主管、直线经理(负责人)以及员工等角色,分别提供了制订绩效计划、依照计划开展绩效评价、对评价结果进行沟通反馈面谈、绩效评价结果应用等功能。内容包括单位绩效考核的方式,考核的内容和参加考核人员的考核信息录入等,另有考核结果和考核反馈信息等。

10. 宿舍管理

适用于各类企业、行政事业单位对员工宿舍进行信息化管理。主要内容包括宿舍的分配,宿舍发生的各项费用分摊和宿舍的收回等,另提供按宿舍和人员归集费用的报表。

11. 经理自助

企业领导人员和各级经理需要及时掌握和处理公司或部门各种人力资源信息，经理自助产品模拟实际业务，提供如下功能：

(1) 通过 Web 方式查询、浏览权限内的 HR 信息情况，如人员信息、部门信息、岗位信息、组织机构图、职位体系图、各类分析报表等。

(2) 维护人员相关信息。

(3) 处理部门与人力资源相关的业务，如提交部门的培训需求、招聘需求等。

12. 员工自助

企业员工需要查看他人联系信息及本人的薪资保险考勤等 HR 信息、维护本人基本信息。员工自助产品模拟实际业务，提供如下功能：

(1) 通过 Web 方式查询、浏览他人联系信息。

(2) 维护本人基本信息。

(3) 浏览本人 HR 信息，如薪资、考勤、保险福利、培训成绩、人事合同等。

(4) 提交培训需求。

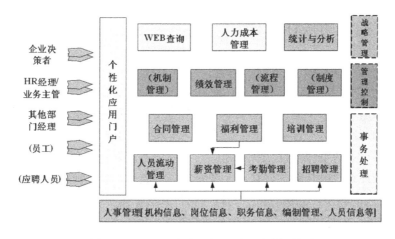

图 2-2　ERP 人力资源管理系统的功能体系

2.1.2　与其他模块的数据关联

虽然人力资源管理系统在 ERP 中是一个相对独立的模块，但同时也和其他 ERP 模块有相应的数据关联和数据接口，如图 2-3 所示，主要表现在以下几个方面：

(1) 客户关系管理和供应链管理模块为绩效考核提供销售业绩的数据。

(2) 生产制造管理模块为薪资管理提供计件工资计算的基础数据，并且为考勤管理提供排班的数据。

(3) 薪资管理模块生成的薪资表为财务管理提供工资核算的会计凭证。

(4) 绩效考核模块生成的绩效信息帮助高层管理人员进行经济效益分析，而招聘管理模块生成的岗位需求信息、招聘计划和成本等信息以及培训管理模块所生成的培训计划和费用帮助高层管理人员进行成本分析和经营预算。

(5) 人事管理模块完整而便于统计处理的组织和人员的基础数据促进了企业的办公自动化和办公无纸化。

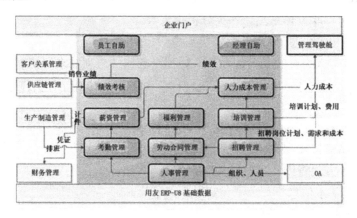

图 2-3　用友 ERP-U8 人力资源管理系统结构

2.1.3　系统构建的操作流程

用友人力资源管理系统是一个通用系统，其中包含面向不同企业对象的解决方案，而不同企业所属行业不同，管理模式不同，业务处理也有一定的差异。那么，如何将通用系统和企业特色相结合，构建适合于企业管理特点的人力资源管理系统呢？一般来说，企业应该经过大量的调研，对本行业、本企业的生产经营特点和人力资源管理特点进行具体深入的分析，并结合人力资源管理系统所提供的管理功能，来确定企业个性化应用方案。

人力资源管理系统的建账工作是在系统管理中完成的。系统管理的主要功能是对用友 ERP-U8 管理系统的各个产品进行统一的操作管理和数据维护，具体包括以下内容：

(1) 账套管理。账套指的是一组相互关联的数据，每一个企业(或第一个独立核算部门)的数据在系统内部都体现为一个账套。账套管理包括账套的建立、修改、引入和输出等。

(2) 年度账管理。在用友 ERP-U8 管理系统中，每个账套里都存放有企业不同年度的数据，称为年度账。年度账管理包括年度账的建立、引入、输出和结转上年数据，清空年度数据等。

(3) 操作员及其权限的集中管理。为了保证系统数据的安全和保密，系统管理提供了操作员及其权限的集中管理功能。通过对系统操作分工和权限的管理，一方面可以对系统所包含的各个子系统的操作进行协调，以保证各负其责。操作员和其权限的管理主要包括设置用户、定义角色及设置用户功能权限。

一个账套可以由人力资源管理系统、供应链管理系统、生产管理系统等多个子系统组成，这些子系统共享公用的基础信息。在启用新账套时，应根据企业的实际情况和业务要求,先手工整理出一份基础资料,而后将这些资料按照系统的要求录入到系统中,以便完成系统的初始建账工作。

2.2 应用实务

2.2.1 系统管理及基础档案设置

【实验准备】

- 已安装用友 ERP-U8 V8.72 管理软件。
- 已安装数据库 SQL Server 的 2000 版本。
- 恢复随本案例一并提供的期初建账数据。
- 配置好应用服务器与数据库服务器的连接。
- 启动环境。

【实验目的】

通过本实验,使学生掌握如何进行 U8HR 系统的初始化配置,增加组织机构相关基础数据,搭建企业组织体系,为人力资源各业务的操作做好组织信息方面的准备。

【实验内容】

- 增加用户,分配用户权限。
- 模块启用。
- 增加部门。
- 增加人员类别。
- 增加职务簇、职务。
- 增加岗位序列、岗位等级、岗位。
- 增加人员档案。

【实验方法与步骤】

对 U8HR 系统进行初始化配置基于企业实际情况,本实验采用烟台川林有限公司的实际数据作为实验资料,具体建账参数设置如表 2-1 所示。

表 2-1 建账参数设置

系统启用时间:2011-01-01	月末结账:每月月末	本位币:人民币
行业:工业	企业类型:2007 新会计制度	外币:不启用
存货分类级次:2-2-2	客户分类级次:2	供应商分类:2
部门编码级次:2-2	收发类别级次:1-2	科目级次:4-2-2-2-2
地区编码:2-2	结算方式编码:3	
账套号:555 账套名称:烟台川林有限公司	行业性质:2007 新会计制度	账套操作员(均为账套主管): zh 张华, zt 张天

1. 以系统管理员身份登录系统管理

操作步骤：

① 执行"开始"|"程序"|"用友 ERP-U8"|"系统服务"|"系统管理"命令，进入"用友 ERP-U8[系统管理]"窗口。

② 执行"系统"|"注册"命令，如图 2-4 所示，打开"登录"系统管理对话框。

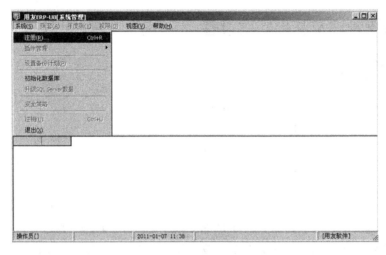

图 2-4　"登录"系统管理对话框

③ 系统中预先设定了一个系统管理员 admin，第一次运行时，系统管理员密码为空，如图 2-5 所示。单击"确定"按钮，以系统管理员身份进入系统管理。

图 2-5　"登录"账套

2. 增加用户

只有系统管理员(admin)才能进行增加用户的操作。

操作步骤：

① 以系统管理员身份登录系统管理，执行"权限"|"用户"命令，如图 2-6 所示，打开"用户管理"对话框。

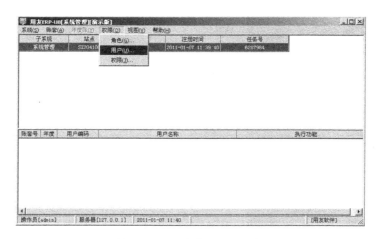

图 2-6 "用户管理"对话框

② 单击"增加"按钮，打开增加用户对话框，录入编号"zh"、姓名"张华"、认证方式"用户+口令(传统)"、口令及确认口令"123"、所属部门"人事部"，在所属角色列表中选中"员工关系经理"复选框，如图 2-7 所示。

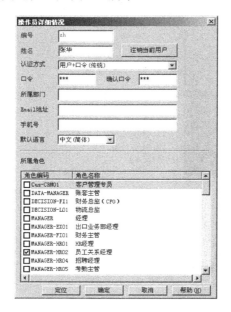

图 2-7 增加用户对话框

③ 单击"增加"按钮，依次设置其他操作人员。设置完成后单击"取消"按钮退出。

3．建立账套

只有系统管理员可以建立企业账套。建账过程在建账向导引导下完成。

操作步骤：

① 以系统管理员身份注册进入系统管理，执行"账套"|"建立"命令，如图 2-8 所示，打开"账套信息"对话框。

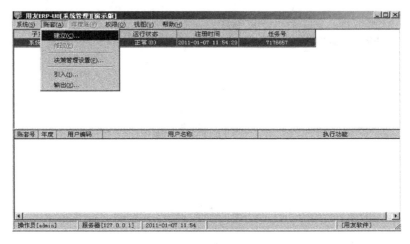

图 2-8　"账套信息"对话框

② 录入账套号"555"，账套名称"烟台川林有限公司"；启用会计期"2011-1"，如图 2-9 所示。

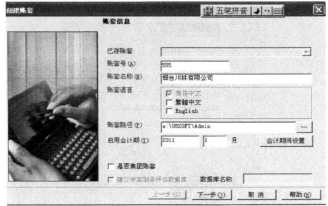

图 2-9　录入相关信息

③ 单击"下一步"按钮，打开"单位信息"对话框，录入单位信息，如图 2-10 所示。

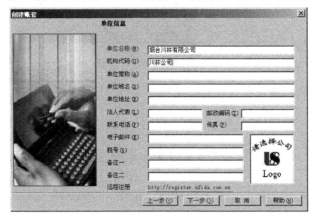

图 2-10　"单位信息"对话框

提示：

单位信息中只有"单位名称"是必须录入的，必须录入的信息以蓝色字体标识(以下同)。

④ 单击"下一步"按钮，打开"核算类型"对话框。

⑤ 单击"账套主管"栏的下三角按钮，选择"[hrm]张天"，其他采取系统默认设置，如图 2-11 所示。

图 2-11　"核算类型"对话框

⑥ 单击"下一步"按钮，打开"基础信息"对话框。分别选中"存货是否分类"、"客户是否分类"及"供应商是否分类"复选框，如图 2-12 所示。

⑦ 单击"完成"按钮，弹出系统提示对话框，如图 2-13 所示，单击"是"按钮。

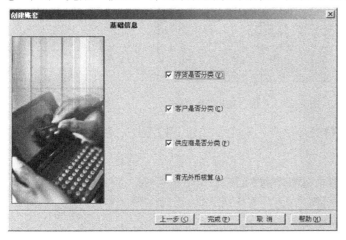

图 2-12　"基础信息"对话框

图 2-13　"创建账套"对话框

⑧ 打开"编码方案"对话框，按所给资料修改分类编码方案，如图 2-14 所示。

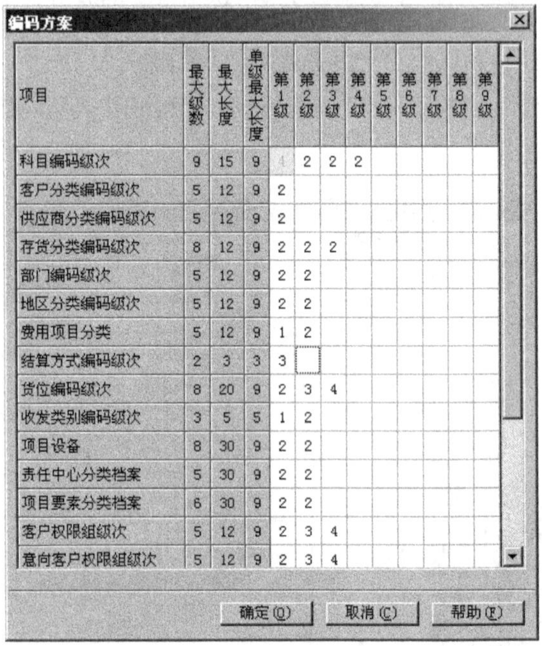

项目	最大级数	最大长度	单级最大长度	第1级	第2级	第3级	第4级	第5级	第6级	第7级	第8级	第9级
科目编码级次	9	15	9		2	2	2					
客户分类编码级次	5	12	9	2								
供应商分类编码级次	5	12	9	2								
存货分类编码级次	8	12	9	2	2	2						
部门编码级次	5	12	9	2	2							
地区分类编码级次	5	12	9	2	2							
费用项目分类	5	12	9	1	2							
结算方式编码级次	2	3	3	3								
货位编码级次	8	20	9	2	3	4						
收发类别编码级次	3	5	5	1	2							
项目设备	8	30	9	2	2							
责任中心分类档案	5	30	9	2	2							
项目要素分类档案	6	30	9	2	2							
客户权限组级次	5	12	9	2	3	4						
意向客户权限组级次	5	12	9	2	3	4						

图 2-14 "编码方案"对话框

⑨ 单击"确定"按钮，再单击"取消"按钮，打开"数据精度"对话框，如图 2-15 所示。

图 2-15 "数据精度"对话框

⑩ 默认系统预置的数据精度，单击"确定"按钮，稍等片刻系统弹出信息提示对话框，如图 2-16 所示。

图 2-16 信息提示对话框

⑪ 单击"否"按钮，结束建账过程。系统弹出"请进入企业应用平台进行业务操作！"提示，单击"确定"按钮返回系统管理。

2.2.2 机构人员基础设置

【实验准备】

- 已安装用友 ERP-U8 V8.72 管理软件。
- 已完成 U8 基础档案-人员机构初始化配置工作。
- 已维护人员信息所需要的基础信息(如：部门、岗位等)以及其他基础档案内容(如：人员类别、进入来源等)。

【实验目的】

掌握在 U8-HR 系统中对员工信息的管理，包括如何设置 HR 数据字典、基础档案的维护，如何设置员工卡片及花名册报表，如何进行人员统计分析等，完成对员工静态信息的维护。

【实验内容】

- 增加用户，分配用户权限。
- 模块启用。
- 增加部门。
- 增加人员类别。
- 增加职务簇、职务。
- 增加岗位序列、岗位等级、岗位。
- 增加人员档案。

【实验方法与步骤】

1. 登录用户及其权限

进行机构人员基础设置需要具有账套主管权限，具体用户和权限设置如表 2-2 所示。

表 2-2　用户及其权限设置

用 户 编 码	用 户 密 码	用 户 名 称	权　　限
hrm	123	张天	账套主管权限
hr	123	张华	账套主管权限

操作步骤：

① 以系统管理员身份登录系统管理，执行"权限"|"用户"命令，打开"用户管理"对话框。

② 单击"增加"按钮，打开增加用户对话框，录入编号"hrm"、姓名"张天"、认证方式"用户+口令(传统)"、口令及确认口令"123"、所属部门"人事部"，在所属角色列表中选中"账套主管"复选框，如图 2-17 所示。

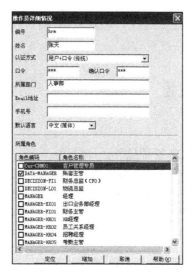

图 2-17　增加用户对话框

③ 单击"增加"按钮，依次设置其他操作人员。设置完成后单击"取消"按钮退出。任务完成并在"用户管理"窗口显示，如图 2-18 所示。

图 2-18　"用户管理"对话框

④ 在系统管理中，执行"权限"|"权限"命令，打开"操作员权限"对话框。

⑤ 在"账套主管"下拉列表中选中"[555]烟台川林有限公司"账套。

⑥ 在左侧的操作员列表中，选中"hr"操作员张华，如图 2-19 所示。

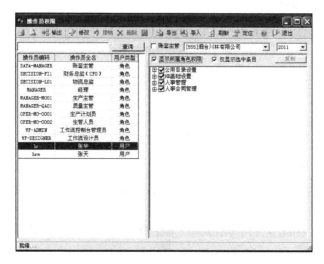

图 2-19　"操作员权限"对话框

⑦ 单击"修改"按钮。

⑧ 在右侧窗口中，选中"公用目录设置"、"HR 基础设置"、"人事管理"及"人事合同管理"复选框。

⑨ 单击"保存"按钮返回。

2. 模块启用

启用模块：HR 基础设置、人事管理、保险福利管理、人事合同管理、薪资管理、考勤管理、招聘管理、培训管理、绩效管理、宿舍管理、经理自助。

操作步骤：

① 执行"开始"|"程序"|"用友 ERP-U8"|"企业应用平台"命令，打开"登录"对话框。

② 录入操作员"hrm"(或张天)，密码"123"，单击"账套"栏的下三角按钮，选择"[555]烟台川林有限公司"，如图 2-20 所示。

图 2-20 "登录"对话框

③ 单击"确定"按钮，进入"企业应用平台"窗口。

④ 在"基础设置"选项卡中，执行"基础信息"|"系统启用"命令，打开"系统启用"对话框。

⑤ 选中"HR 基础设置"复选框，弹出"日历"选项框，选择系统当时的登录时间，如图 2-21 所示。

图 2-21 "日历"选项框

⑥ 单击"确定"按钮，系统弹出"确实要启用当前系统吗"信息提示框，单击"是"按钮，完成"HR 基础设置"模块的启用，如图 2-22 所示。

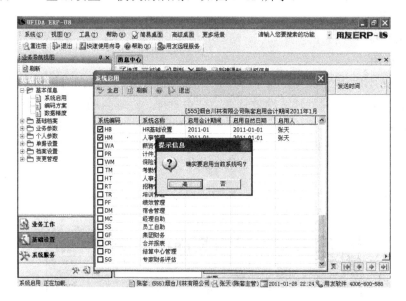

图 2-22 "确实要启用当前系统吗"信息提示框

⑦ 以此类推，分别启用"人事管理"、"保险福利管理"、"人事合同管理"、"薪资管理"、"考勤管理"、"招聘管理"、"培训管理"、"绩效管理"、"宿舍管理"及"经理自助"模块。

3. 增加部门档案

具体需要增加的部门如表 2-3 所示。

表 2-3 部门信息

序　号	部门编码	部　门　名　称	成　立　时　间
1	01	总裁办	2010-01-01
2	02	销售部	2010-01-01
3	03	采购部	2010-01-01
4	04	财务部	2010-01-01
5	05	技术部	2010-01-01
6	06	生产部	2010-01-01
7	0601	冲压车间	2010-01-01
8	0602	组装车间	2010-01-01
9	0603	喷滚印车间	2010-01-01
10	07	质管部	2010-01-01
11	08	仓库部	2010-01-01
12	09	人事部	2010-01-01

操作步骤：

① 在"基础设置"选项卡中，执行"基础档案"|"机构人员"|"部门档案"命令，进入"部门档案"窗口。

② 单击"增加"按钮，录入部门编码"01"、部门名称"总裁办"，如图 2-23 所示。

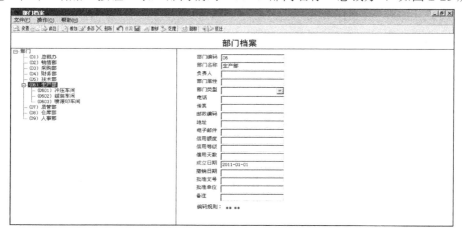

图 2-23　"部门档案"对话框

③ 单击"保存"按钮，以此方法依次录入其他的部门档案。

4. 增加人员类别

需要增加的人员类别信息如表 2-4 所示。

表 2-4　人员类别信息

人员类别编码	人员类别名称	上级人员分类	归属范围
101	合同制员工	-	在职
102	聘用制员工	-	在职

操作步骤：

① 在"基础设置"选项卡中，执行"基础档案"|"机构人员"|"人员类别"命令，进入"人员类别"窗口，如图 2-24 所示。

② 单击"增加"按钮，按实验资料在"在职人员"下增加人员类别。

图 2-24　"人员类别"窗口

5. 增加职务

需要增加的职务信息如表 2-5 所示。

表 2-5　职务信息

职 务 编 码	职 务 名 称	职 务 簇
001	总经理	7
002	副总经理	7
003	部门经理	7
004	业务经理	7
005	财务总监	8
006	总工程师	8
007	高级工程师	8
008	初级工程师	8

操作步骤：

① 在"基础设置"选项卡中，执行"基础档案"|"机构人员"|"职务档案"命令，进入"职务管理"窗口，如图 2-25 所示。

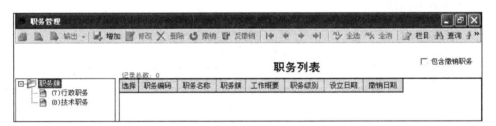

图 2-25　"职务管理"对话框

② 单击"增加"按钮，打开"职务管理"窗口，按实验资料输入职务信息，如图 2-26 所示。

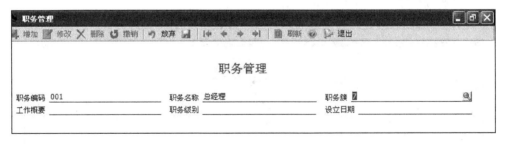

图 2-26　"职务管理"窗口

③ 单击"保存"按钮，以此方法依次输入其他的职务信息。

6. 增加岗位序列、岗位等级、岗位档案

岗位序列、岗位等级和岗位档案可分别进行设置，需要增加的岗位序列信息如表 2-6 所示，岗位信息如表2-7所示。

表2-6 岗位序列信息

岗位序列编码	岗位序列名称	
1	经营管理序列	
2	市场营销序列	
3	生产运营序列	
4	职能支持序列	
5	等级 d	
6	等级 e	
7	等级 f	

表2-7 岗位信息

岗位编码	岗位名称	岗位序列	岗位等级	所属部门	直接上级	成立日期
0001	总经理	经营管理序列	等级a	总裁办		2000-01-01
0002	销售副总	经营管理序列	等级b	总裁办	0001	2000-01-01
0003	生产副总	经营管理序列	等级b	总裁办	0001	2000-01-01
0004	财务部经理	经营管理序列	等级b	财务部	0001	2000-01-01
0005	会计	职能支持序列	等级d	财务部	0004	2000-01-01
0006	出纳	职能支持序列	等级e	财务部	0004	2000-01-01
0007	人力资源部经理	经营管理序列	等级c	人力资源部	0001	2000-01-01
0008	人事专员	职能支持序列	等级e	人力资源部	0007	2000-01-01
0009	薪酬专员	职能支持序列	等级d	人力资源部	0007	2000-01-01
0010	生产部经理	经营管理序列	等级c	生产部	0003	2000-01-01
0011	冲压车间主任	经营管理序列	等级d	冲压车间	0010	2000-01-01
0012	组装车间主任	经营管理序列	等级d	组装车间	0010	2000-01-01
0013	冲压车间生产人员	生产运营序列	等级f	冲压车间	0011	2000-01-01
0014	组装车间生产人员	生产运营序列	等级f	组装车间	0012	2000-01-01

(1) 增加岗位序列

操作步骤：

① 在"基础设置"选项卡中，执行"基础档案"|"机构人员"|"岗位序列"命令，

进入"岗位序列"窗口。

② 单击"增加"按钮，打开"增加档案项"对话框，按实验资料录入岗位序列信息。

③ 单击"确定"按钮，输入其他的岗位序列信息，如图 2-27 所示。

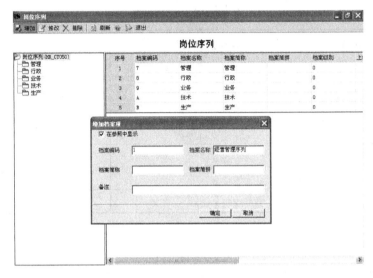

图 2-27　"增加档案项"对话框

(2) 增加岗位序列

操作步骤：

① 在"基础设置"选项卡中，执行"基础档案"|"机构人员"|"岗位等级"命令，进入"岗位等级"窗口。

② 单击"增加"按钮，打开"增加档案项"对话框，按实验资料录入岗位等级信息。

③ 单击"确定"按钮，输入其他的岗位等级信息，如图 2-28 所示。

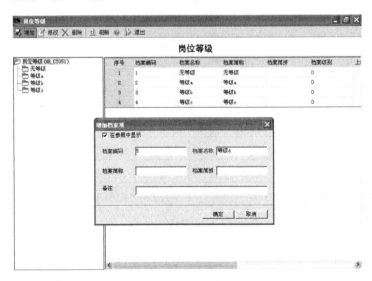

图 2-28　"增加档案项"对话框

(3) 增加岗位档案

操作步骤：

① 在"基础设置"选项卡中，执行"基础档案"|"机构人员"|"岗位档案"命令，进入"岗位管理"窗口。

② 单击"增加"按钮，打开"岗位管理"窗口，按实验资料录入岗位信息(所属部门、岗位等级、岗位序列等单击 🔍 按钮)，如图 2-29 所示。

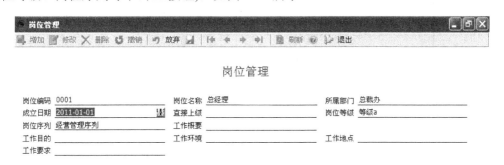

图 2-29 "岗位管理"对话框

③ 单击"保存"按钮，以此方法输入其他的岗位档案信息，如图 2-30 所示。

岗位列表

☐ 包含撤销岗位

记录总数：23

选择	岗位编码	岗位名称	所属部门	成立日期	直接上级	岗位等级	岗位序列	工作概要	撤销日期	工作目的	工作环境	工作
	0001	总经理	总裁办	2011-01-01		等级a	经营管理…					
	0002	销售副总	总裁办	2011-01-01	总经理	等级b	经营管…					
	0003	生产副总	总裁办	2011-01-01	总经理	等级b	经营管…					
	0004	财务副总	总裁办	2011-01-01	总经理	等级b	经营管…					
	0005	技术副总	总裁办	2011-01-01	总经理	等级b	经营管…					
	0006	销售部经理	销售部	2011-01-01	销售副总	等级c	经营管…					
	0007	采购部经理	采购部	2011-01-01	生产副总	等级c	经营管…					
	0008	生产部经理	生产部	2011-01-01	生产副总	等级c	经营管…					
	0009	仓库部经理	仓库部	2011-01-01	生产副总	等级c	经营管…					
	0010	财务部经理	财务部	2011-01-01	财务副总	等级c	经营管…					
	0011	人事部经理	人事部	2011-01-01	财务副总	等级c	经营管…					
	0012	技术部经理	技术部	2011-01-01	技术副总	等级c	经营管…					
	0013	质管部经理	质管部	2011-01-01	技术副总	等级c	经营管…					
	0014	冲压车…	冲压车间	2011-01-01	生产部经理	等级d	经营管…					
	0015	组装车…	组装车间	2011-01-01	生产部经理	等级d	经营管…					
	0016	喷滚印…	喷滚印车间	2011-01-01	生产部经理	等级d	经营管…					
	0017	会计	财务部	2011-01-01	财务部经理	等级e	职能支…					
	0018	出纳	财务部	2011-01-01	财务部经理	等级e	职能支…					
	0019	人事专员	人事部	2011-01-01	人事部经理	等级e	职能支…					
	0020	薪酬专员	人事部	2011-01-01	人事部经理	等级e	职能支…					
	0021	冲压工	冲压车间	2011-01-01	冲压车…	等级f	生产运…					
	0022	组装工	组装车间	2011-01-01	组装车…	等级f	生产运…					
	0023	滚印工	喷滚印车间	2011-01-01	喷滚印…	等级f	生产运…					

图 2-30 "岗位列表"对话框

7. 增加人员档案

需要增加的人员档案如表 2-8 所示。

表 2-8　人员档案信息

人员编码	姓名	身份证号	性别	出生日期	人员类别	部门	岗位	任职开始日期	所属职务
0001	李磊	132210196801011234	男	1968-01-01	合同制员工	总裁办	总经理	1996-06-10	总经理
0002	马军	120110197210011234	男	1972-10-01	合同制员工	总裁办	生产副总	2000-03-01	副总经理
0003	李宏	120110197511011234	男	1975-11-01	合同制员工	总裁办	销售副总	2005-08-01	副总经理
0004	闫晓娟	120110197011011223	女	1970-11-01	合同制员工	财务部	财务部经理	1996-06-10	部门经理
0005	刘丽	120110197912011223	女	1979-12-01	合同制员工	财务部	会计	2004-09-01	
0006	杨阳	120110198103011223	女	1981-03-01	合同制员工	财务部	出纳	2006-07-10	
0007	张天	120110197304221233	男	1973-04-22	合同制员工	人力资源部	人力资源部经理	1998-03-03	部门经理
0008	孙力	120110197805081263	女	1978-05-08	合同制员工	人力资源部	薪酬专员	2003-09-01	
0009	张华	120110197707071213	男	1977-07-07	合同制员工	人力资源部	人事专员	2005-08-01	
0010	周杉	120110197007071213	男	1970-07-07	合同制员工	生产部	生产部经理	1998-04-01	部门经理
0011	田亮	120110197508091213	男	1975-08-09	合同制员工	冲压车间	车间主任	2003-04-01	
0012	王涛	120210197903091213	男	1979-03-09	合同制员工	冲压车间	车间主任	2006-07-03	

操作步骤：

① 在"基础设置"选项卡中，执行"基础档案"|"机构人员"|"人员档案"命令，进入"人员列表"窗口。

② 单击左窗口中"部门分类"下的"总裁办"。

③ 单击"增加"按钮，按实验资料输入人员信息，如图2-31所示。

图 2-31 "人员档案"对话框

④ 单击"保存"按钮，以此方法输入其他人员档案。

提示：

审核按钮的操作说明：只有审核通过的人员才能参与各种人事业务处理；对审核通过的人员档案信息不能进行删除操作；不能直接修改其行政部门、人员类别等信息，只能通过人事变动处理节点进行修改，如图2-32所示。

图 2-32 "人员档案"对话框

⑤ 单击"全选"按钮，选中所有人员，选择栏出现"Y"表示选择成功，单击"审核"按钮，如图2-33所示。

图 2-33 "人员列表"对话框

⑥ 单击"是"按钮，如图 2-34 所示。

图 2-34 人员档案审核对话框

第 3 章

HR 基础设置

【实验目的】

通过本实验使学生掌握在 U8-HR 系统中对员工信息进行管理,包括如何设置 HR 数据字典,如何维护基础档案,如何设置员工卡片及花名册报表,如何进行人员统计分析等,完成对员工静态信息的维护。

- 启用 HR 基础设置、人事管理等模块。
- 维护相关组织信息及人员信息。

【实验内容】

- 系统设置
  - ◆ 信息结构。
  - ◆ 基础档案。
  - ◆ 人事业务定制。
  - ◆ 单据模板。
  - ◆ 规则设置。
  - ◆ 自主权限设置。
- 报表工具
  - ◆ 固定统计表。
  - ◆ 动态报表。
  - ◆ 卡片。
  - ◆ 花名册。
  - ◆ 综合分析。

【实验方法与步骤】

具体的实验方法与步骤见以下各节内容。

3.1 系统设置

3.1.1 信息结构—增加信息项

需要增加的信息项如表 3-1 所示。

表 3-1 要增加的信息项

信 息 代 码	信 息 名 称	数 据 类 型	数 据 长 度	显 示
Pname	紧急联系人员姓名	字符型	20	是
Telp	紧急联系人电话	字符型	100	是
www	个人博客	超级链接型	100	是

操作步骤:

① 执行"开始"|"程序"|"用友 ERP-U8"|"企业应用平台"命令,打开"登录"对话框。

② 录入操作员"hrm"(或张天),密码"123",单击"账套"栏的下三角按钮,选择"[555]烟台川林有限公司"。

③ 单击"确定"按钮,进入"企业应用平台"窗口。

④ 在"业务工作"选项卡中,执行"人力资源"|"HR 基础设置"|"系统设置"|"信息结构",进入"信息结构"窗口,如图 3-1 所示。

⑤ 在左侧的列表中,选中"人员基本信息表",单击"增加"栏的下三角按钮,选择"信息项",打开"增加信息项"对话框。

图 3-1 登录账套

⑥ 按实验资料输入信息项信息,如图 3-2 所示。

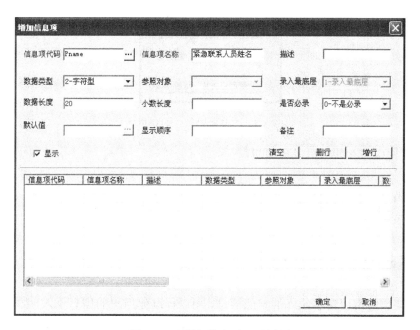

图 3-2　"增加信息项"对话框

⑦ 单击"增行"按钮，任务完成，结果显示如图 3-3 所示。

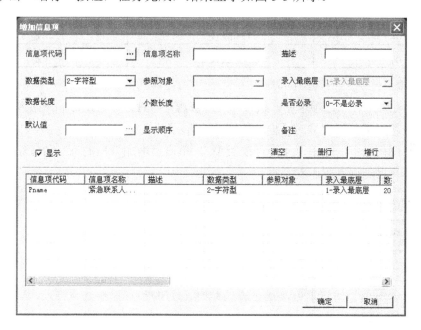

图 3-3　"增加信息项"结果显示对话框

⑧ 单击"确定"按钮，打开"基础设置"对话框，单击"确定"按钮，信息项将添加在"信息结构"列表中。

图 3-4 "基础设置"对话框

⑨ 同理依次输入其他信息项信息。

提示：

信息代码为"字母或数字"并为唯一信息代码。若数据类型为超链接型设置网址，可以与网页直接连接。

3.1.2 基础档案—增加档案项

基础档案作为常用信息录入的参照信息，用以标准化用户的信息录入，如表 3-2 所示。

表 3-2 基础档案信息

档 案 编 号	档 案 名 称	参照中显示
05	高级技工	是
06	中级技工	是
07	初级技工	是

操作步骤：

① 在"业务工作"选项卡中，执行"人力资源"|"HR 基础设置"|"系统设置"|"基础档案"，进入"基础档案"对话框，如图 3-5 所示。

② 在左侧列表中，选中"工资标准类型"，单击"增加"栏的下三角按钮，选择"档案项"，打开"增加档案项"对话框。

图 3-5 "基础档案"对话框

③ 按实验资料输入档案项信息，单击"确定"按钮，同理依次输入其他档案项信息，如图 3-6 所示。

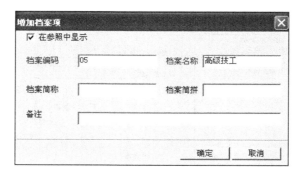

图 3-6　"增加档案项"对话框

3.1.3　人事业务定制

系统预置常用的人事变动业务，但考虑到不同企业的实际情况，允许客户调整系统预置的人事变动业务，也可以自行配置新的人事变动业务。

修改人事业务定制信息如表 3-3 所示。

表 3-3　修改人事业务定制信息

人事变动业务	业务表单制定	设置业务处理信息范围	业务处理人员范围	设置业务处理规则
员工转正	增加：变化前人员类别、变化后人员类别	任职情况	人员基础信息表.是否使用人员 = 1	人员类别值修改 = 修改后人员类别
晋升	增加：变动前职务、变动后职务	任职情况	人员基础信息表.人员编号非空	职务 = 变化后职务
平调		任职情况	人员基础信息表.人员编号非空	

操作步骤：

① 在"业务工作"选项卡中，执行"人力资源"|"HR 基础设置"|"系统设置"|"人事业务定制"，打开"人事业务定制"对话框，如图 3-7 所示。

② 在左侧列表中，选中"员工转正"，单击"定制"按钮，打开"业务表单定制"对话框，如图 3-8 所示。

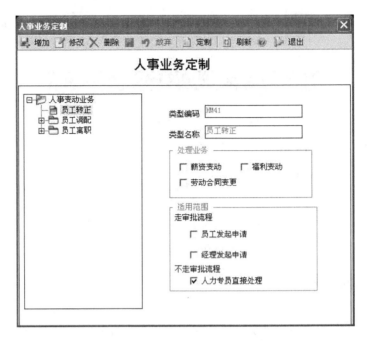

图 3-7 "人事业务定制"对话框

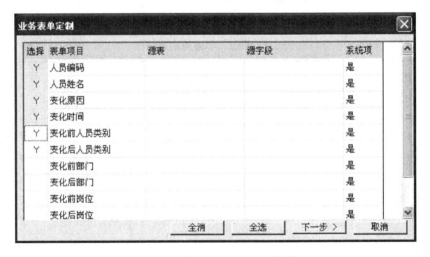

图 3-8 "业务表单定制"对话框

③ 双击"变化前人员类别"和"变化后人员类别",单击"下一步"按钮,打开"设置业务处理信息范围"对话框,如图 3-9 所示。

④ 选中"任职情况"复选框,单击"下一步"按钮,打开"业务处理人员范围设置"对话框,如图 3-10 所示。

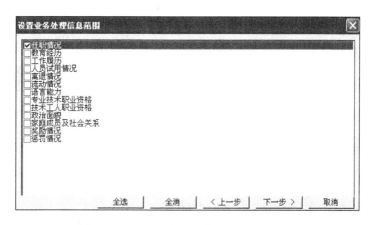

图 3-9　"设置业务处理信息范围"对话框

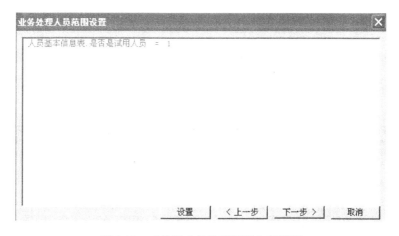

图 3-10　"设置业务处理规则"对话框

　　⑤ 单击"下一步"按钮，打开"设置业务处理规则"对话框，如图 3-11 所示。

　　⑥ 双击"在职人员"栏，单击 按钮，打开"业务规则值设置"对话框，如图 3-12 所示。

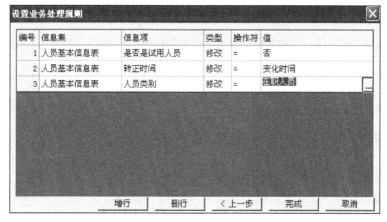

图 3-11　"设置业务处理规则"对话框

⑦ 单击"选择表单"单选按钮，单击"确定"按钮，如图 3-12 所示。打开"选择表单值"对话框，如图 3-13 所示。

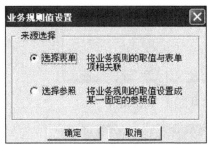

图 3-12 "业务规则值设置"对话框　　　　图 3-13 "选择表单值"对话框

⑧ 双击"变化后人员类别"，打开"设置业务处理规则"对话框，单击"完成"按钮，然后单击"确定"按钮，如图 3-14 所示。

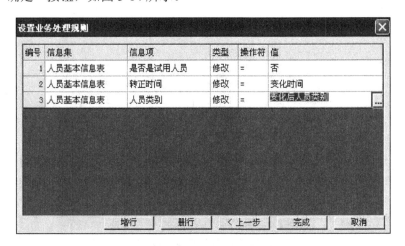

图 3-14 "设置业务处理规则"对话框

⑨ 单击"完成"按钮。

⑩ 同理依次输入其他人事业务定制信息。

3.1.4　单据模板

单据模板主要是为了实现与单据有关的信息集中信息项的增加、修改、删除，并使之反映到单据上。

3.1.5　规则设置

以工资基础情况表为例，单据模板设置的具体信息如表 3-4 所示。

表 3-4　单据模板设置信息

层	对象	名称	规则内容	提示信息	执行模式	启用
数据字典	工资基本情况表	基础工资校验	工资基本情况表.基础工资>=800	基础工资大于等于 800 元	立即模式	是

操作步骤：

① 在"业务工作"选项卡中，执行"人力资源"|"HR 基础设置"|"系统设置"|"规则设置"，进入"规则设置"窗口。

② 单击校验规划"数据字典"前的"+"标记，单击"工资基本情况表"，单击"增加"按钮，打开"规则设置"对话框。

③ 输入名称"基础工资校验"，提示信息"基础工资大于等于 800 元"，选中"启用"复选框，单击"定义规则"按钮，打开"规则设置"对话框，如图 3-15 所示。

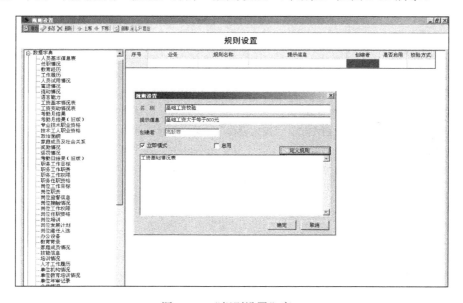

图 3-15　"规则设置"窗口

④ 在"内容"栏输入公式"工资基本情况表.基础工资>=800"，单击"验证"按钮，如图 3-16 所示，再单击"确定"按钮，结果显示如图 3-17 所示。

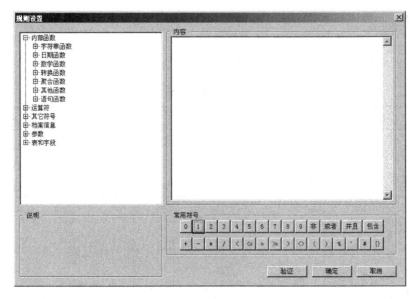

图 3-16 "规则设置"内容对话框

图 3-17 "规则设置"结果显示对话框

3.2 报表工具

3.2.1 固定统计表

固定统计表是统计整个组织或某个部门的汇总数据：如统计人数和人员结构、工资总额等，统计结果可以存档。常见的统计表有人员基本情况表、分类别人员结构统计表、培训成绩分析表等。

3.2.2 动态报表

对复杂的花名册(含统计/计算列的花名册)、台账、自动扩展行的统计报表可以用动态报表工具设计格式和条件。动态报表可以输出多个同类对象的详细信息，并支持分组小计、合计功能，例如，生成财务部和生产部全体员工某一时间段的出勤情况统计表。

3.2.3　卡片

卡片又称卡片模板，主要用于显示、输出单个对象的详细信息(可以是单位、部门、岗位、职务、人员、应聘人员等)或单个业务记录详细信息，也可以作为通知模板使用，如给应聘人员发送的录用通知书、给员工发送的解除合同通知书等。常见的卡片有：人员登记表、应聘登记表、岗位说明书等。

3.2.4　花名册

花名册报表主要是以列表的方式展现人员信息的一种报表，如表 3-5 所示。

表 3-5　花名册报表信息

花名册名称	主体数据类别	适 用 产 品	待选指标集	排 序 指 标
应聘人员登记表	应聘人员	招聘管理	应聘登记单基本信息(待选指标全部选到已选指标)	全部为升序排列

操作步骤：

① 在"业务工作"选项卡中，执行"人力资源"|"HR 基础设置"|"报表工具"|"花名册"，进入"花名册"窗口。

② 单击"增加"按钮，打开"花名册定义"对话框，如图 3-18 所示，输入花名册名称"应聘人员登记表"，单击"主体数据类别"下拉列表框，选中"5-应聘人员"，单击"适用产品"栏右侧的■■■按钮，选中"招聘管理"复选框，单击"下一步"按钮。

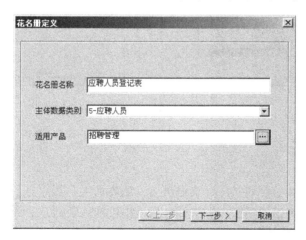

图 3-18　"花名册定义"对话框

③ 单击 >> 按钮，将待选指标项全部选到已选指标项，单击"下一步"按钮，如图

3-19 所示。

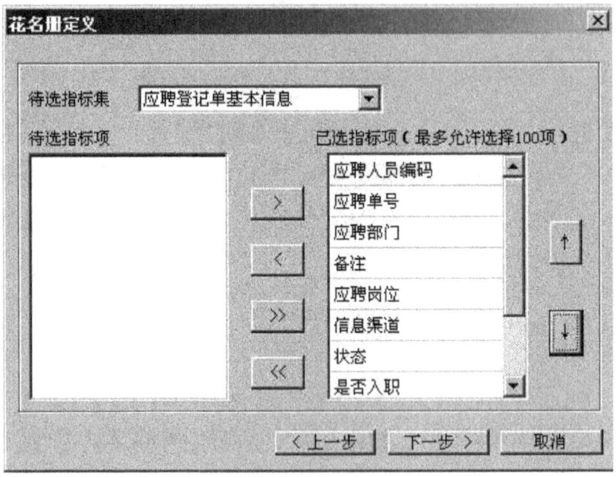

图 3-19　"花名册定义"指标显示对话框

④ 单击"下一步"按钮。

⑤ 单击 >> 按钮，全部选中"排序指标"，单击 ∧ 按钮，将所有排序指标设为升序排列，单击"完成"按钮，结果显示如图 3-20 所示。

图 3-20　"花名册定义"结果显示对话框

3.2.5　综合分析

主要基于在职员工、解聘员工、离退员工、调离员工、其他员工的个人信息、工作信息、子集信息，实现灵活的员工信息统计分析，提供统计数据及多种统计分析图，例如部门、性别分布情况分析。

操作步骤：

① 登录 U8 企业应用平台—烟台川林有限公司，执行"业务工作"|"人力资源"|"HR

基础设置"|"报表工具"|"综合分析"命令，进入"综合分析"窗口，如图 3-21 所示。

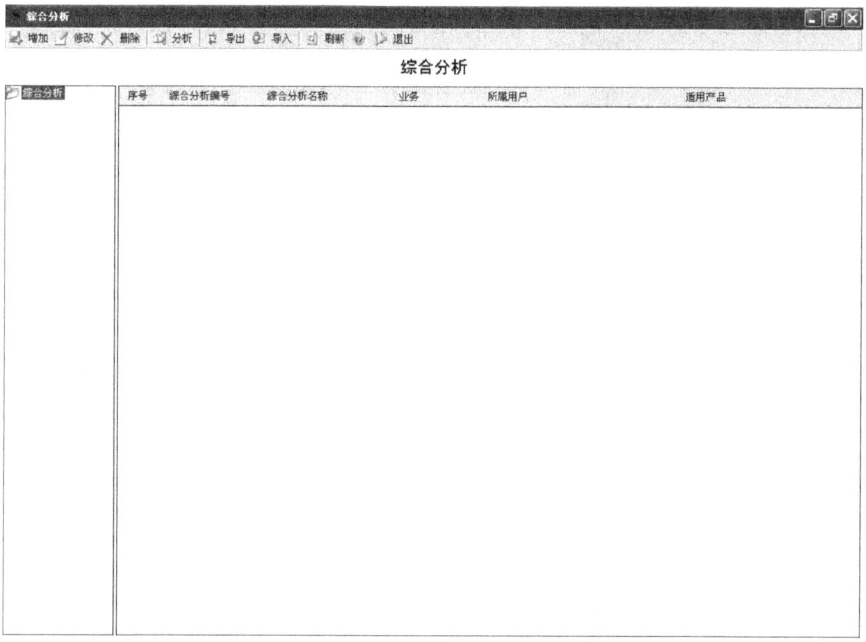

图 3-21　"综合分析"窗口

② 单击"增加"按钮，弹出"综合分析定义"对话框，在输入综合分析名称"部门性别分布情况表"，并且依次对全表、行条件和列条件进行定义，如图 3-22 所示。

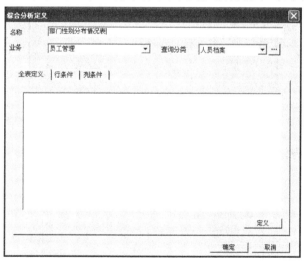

图 3-22　"综合分析定义"对话框

③ 单击全表选项框下的"定义"按钮，弹出"查询定义"对话框，输入内容，定义左表达式为"人员编码"，比较符为"非空"，单击"确定"按钮，如图 3-23 所示。

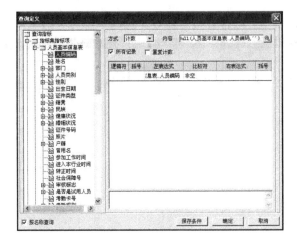

图 3-23　在"查询定义"窗口中进行全表定义

④ 单击行条件选项框下的"定义"按钮，弹出"综合分析定义"对话框，单击"增加"按钮，弹出"查询定义"对话框，输入条件名称为"总裁办"，定义左表达式为"人员编码"，比较符为"等于"，右表达式为"总裁办"，单击"确定"按钮，如图 3-24 所示。

图 3-24　在"查询定义"窗口中进行条件定义

⑤ 按照同样的方法依次输入"财务部"和"人事部"等行条件，结果如图 3-25 所示。

图 3-25　行条件定义完成后的"综合分析定义"窗口

⑥ 按照同样的方法分别列条件为"男"和"女",结果如图 3-26 所示。

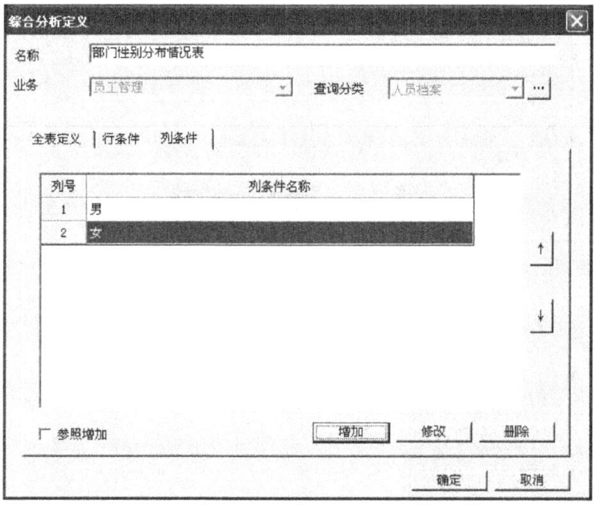

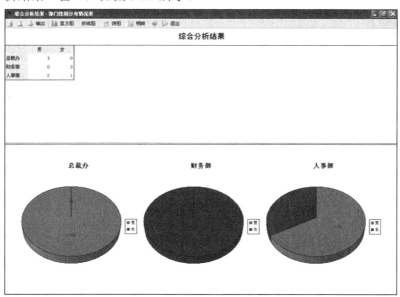

图 3-26　列条件定义完成后的"综合分析定义"窗口

⑦ 在"综合分析"窗口中选中"部门性别分布情况表",单击"分析"按钮,即可弹出"综合分析结果"窗口,如图 3-27 所示。

图 3-27　"综合分析结果"窗口

第4章

人事管理

【实验准备】

- 已安装用友 ERP-U8 V8.72 管理软件：启用 HR 基础设置、人事管理等模块。
- 已维护相关组织信息及人员信息。

【实验目的】

通过本实验使学生掌握在 U8-HR 系统中对员工报到及人员变动业务的处理，包括转正业务、调配业务(晋升、降职、平调等)、离职业务(离休、退休、辞职、退职等)，完成对员工动态信息的维护。掌握如何设置申请单中的显示项目，如何配置员工变动审批流程，如何进行调配离职统计分析，以及员工变动业务处理之后对人员工作信息、任职信息、离职信息的影响。

【实验内容】

- 组织机构
  - ◆ 单位、部门、职务、岗位管理。
  - ◆ 继任人计划。
  - ◆ 编制管理。
- 人员管理
  - ◆ 人员档案。
  - ◆ 人员报到管理。
  - ◆ 人员变动处理。

【实验方法与步骤】

具体实验方法与步骤详见以下各节所述。

4.1　组织机构

4.1.1　单位管理

维护单位信息，主要包括单位基础情况、单位机构情况、单位教育培训情况、单位审计记录、年度编制计划等信息。单位基础信息中与账套信息重复的部分内容在系统管理的账套信息模块维护。

4.1.2　部门管理

在人事管理 – 部门档案中只能执行浏览操作不能执行修改操作。修改、删除、撤销部门档案只能在"设置"|"基础档案"|"机构人员"|"部门档案"中操作。若要在人事档案中对其进行修改维护，只能在"编制管理"中修改信息。

4.1.3　职务管理

实现对公司职务体系的管理，提供新建、修改、删除、撤销职务，编辑职务的工作目标、职责、权限、任职资格等，输出职务一览表功能。

职务删除与撤销的区别如下。

(1) 删除：指在录入一错误职务信息后，删除此记录，同时删除职务其他子集有关该职务的所有信息。

(2) 撤销：指此职务在设置以后，已经不再使用，但需要保留岗位参考信息。

4.1.4　岗位管理

修改岗位子集信息，如表 4-1 所示。

表 4-1　岗位子集信息

岗 位 子 集	任职资格名称	任职资格描述	任职资格筛选条件描述
岗位任职资格	财务部经理	从事财务部管理工作	人员基础信息表.人员类别 ＝'合同制员工'AND 人员基本信息表.部门 ＝'财务部'

操作步骤：

① 执行"开始"|"程序"|"用友 ERP-U8"|"企业应用平台"命令，打开"登录"对话框。

② 录入操作员"hrm"(或张天)，密码"123"，单击"账套"栏的下三角按钮，选择

"[555]烟台川林有限公司"。

③ 单击"确定"按钮，进入"企业应用平台"窗口。

④ 在"业务工作"的选项卡中，执行"人力资源"|"人事管理"|"组织机构"|"岗位管理"，进入"岗位管理"窗口。

⑤ 选中"岗位列表"中"财务部经理"，单击"修改"按钮。单击"岗位子集"下拉列表框，选中"岗位任职资格"，单击"增行"按钮，输入任职资格名称"财务部经理"和任职资格描述"从事财务部管理工作"，如图 4-1 所示。

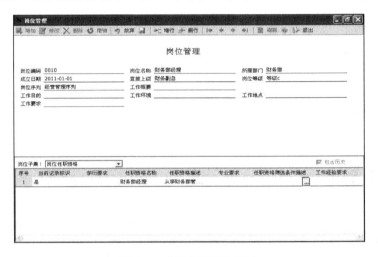

图 4-1　"岗位管理"窗口

⑥ 任职资格筛选条件描述输入：单击 ，打开"查询定义"对话框，左表达式在指标集指标项中选择，右表达式的输入先单击 ，弹出"查询表达式"对话框。在"档案信息"栏中双击所需信息项，如图 4-2 和图 4-3 所示。

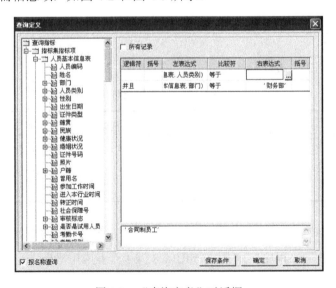

图 4-2　"查询定义"对话框

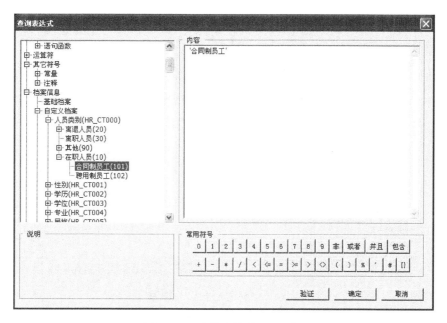

图 4-3 "查询表达式"对话框

公式输入完要单击"验证"按钮，弹出操作提示对话框，再单击"确定"按钮。

4.1.5 继任人计划

需要增加的继任人计划信息如表 4-2 所示。

表 4-2 继任人计划信息

增加关键岗位	增加岗位继任人选	
	晋升可能	紧急任职
财务部经理	可以晋升	否

操作步骤：

① 在"业务工作"选项卡中，执行"人力资源"|"人事管理"|"组织机构"|"继任人计划"，进入"继任人计划"对话框，如图 4-4 所示。

② 单击"增加"栏的下三角按钮，选择"增加关键岗位"，进入"参照"窗口，如图 4-5 所示。

③ 双击"财务部经理"，单击"筛选"按钮，结果如图 4-6 所示。

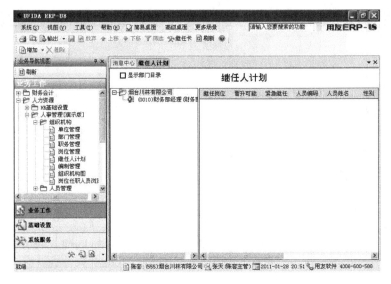

图 4-4 "继任人计划"对话框

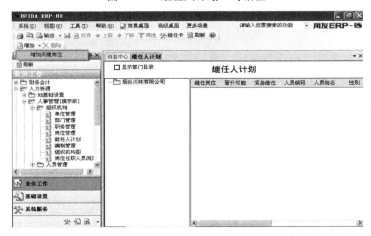

图 4-5 选择"增加关键岗位"

图 4-6 "参照"窗口

④ 单击"是"按钮，任务完成，结果显示如图 4-7 所示。

图 4-7　"继任人计划"结果显示对话框

4.1.6　编制管理

制定和管理单位、部门、岗位的编制情况，根据编制数据计算部门和岗位的超缺编信息，进行编制分析。单位编制、部门编制、岗位编制只能在编制管理模块进行管理和维护，在单位管理、部门管理、岗位管理等模块中只能浏览，不能修改。要编制的数据信息如表 4-3 所示。

表 4-3　编制数据信息

编制管理部门	年　　度	编 制 数 量	批准编制时间
烟台川林有限公司	2011	300	2011-01-01
总裁办	2011	10	2011-01-01
财务部	2011	10	2011-01-01
会计	2011	2	2011-01-01
出纳	2011	1	2011-01-01
人事部	2011	10	2011-01-01
采购部	2011	10	2011-01-01
技术部	2011	10	2011-01-01
销售部	2011	20	2011-01-01
生产部	2011	200	2011-01-01
冲压车间	2011	60	2011-01-01
组装车间	2011	70	2011-01-01

(续表)

编制管理部门	年　　度	编制数量	批准编制时间
喷滚印车间	2011	70	2011-01-01
仓管部	2011	10	2011-01-01
质管部	2011	10	2011-01-01

操作步骤:

① 在"业务工作"选项卡中,执行"人力资源"|"人事管理"|"组织机构"|"编制管理",进入"编制管理"对话框,如图4-8所示。

图4-8　"编制管理"对话框

② 单击"分析"按钮,系统自动弹出"任职情况分析"窗口,如图4-9所示。

图4-9　"任职情况分析"窗口

4.2　人员管理

4.2.1　人员档案

人员档案模块的主要功能是录入和维护人员的基础信息和各种子集信息，在人员档案模块中可以对人员档案信息进行增加、修改、删除、审核、弃审等操作，可以对显示的栏目进行设置，可以对人员信息进行过滤和定位，可以查询并输出人员信息的列表文件、信息卡片和人员花名册。

4.2.2　入职管理

需要增加的入职人员信息如表 4-4 和表 4-5 所示。

表 4-4　入职人员基本信息

人员编码	姓名	到职日期	报到部门	人员类别	性别
0015	高原	2011-01-01	采购部	合同制人员	女

表 4-5　入职人员信息——技术工人职业资格

技术工人职业资格名称	资格等级	获得时间
计算机系统软件维护工	三级	2008-02-01

1. 没有经过招聘管理程序入职的人员

操作步骤：

① 在"业务工作"选项卡中，执行"人力资源"|"人事管理"|"人员管理"|"入职管理"，进入"入职管理"窗口，如图 4-10 所示。

② 单击"增加"按钮，按照实验资料输入入职人员信息，单击"人员子集"按钮，单击"人员子集"下拉列表框，选中"技术工人职业资格"。

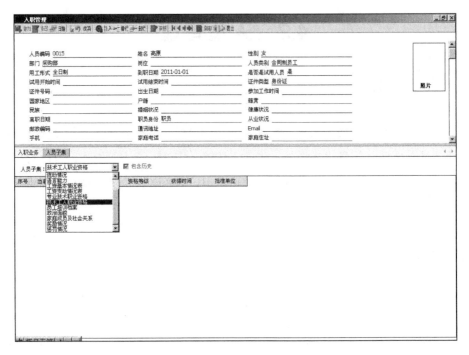

图 4-10　"入职管理"窗口

③ 单击"增行"按钮，按照实验资料输入信息，如图 4-11 所示。任务完成，结果显示如图 4-12 所示。

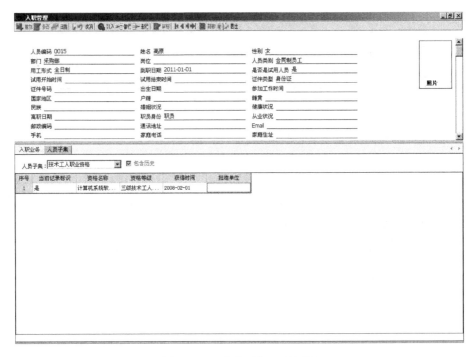

图 4-11　"人员子集"对话框

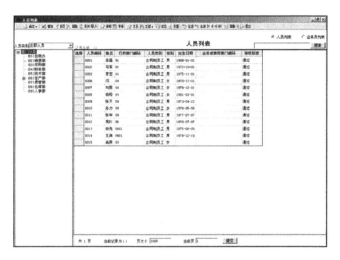

图 4-12 "人员列表"对话框

2. 经过招聘管理程序入职的人员

操作步骤：

① 在"业务工作"选项卡中，执行"人力资源"|"人事管理"|"人员管理"|"入职管理"，进入"入职管理"对话框，如图 4-13 所示。

② 单击"增加"按钮。

图 4-13 "入职管理"对话框

③ 单击"引入"按钮，弹出"参照"对话框，如图 4-14 所示。选中需入职人员，单击"确定"按钮，如图 4-15 所示。

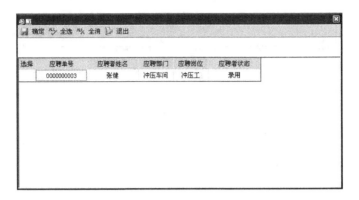

图 4-14 "参照"对话框

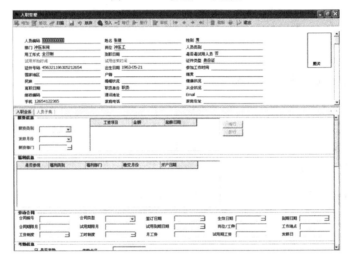

图 4-15 "入职管理"窗口

4.2.3 人员变动处理

需要处理的人员变动信息如表 4-6 所示。

表 4-6 人员变动信息

人事变动业务	人员姓名	变化原因	变化后岗位
平调	王涛	工作需要	冲压车间主任
平调	张华	职位变化	人事专员
离职	田亮	个人原因	

操作步骤:

① 在"业务工作"选项卡中,执行"人力资源"|"人事管理"|"人员管理"|"调配管理",进入"调配管理"对话框,如图 4-16 所示。

图 4-16　"调配管理"对话框

② 选中"平调"，单击"申请"按钮，进入"申请单"窗口。

③ 按照实验资料输入人员变动信息，选中"是否保留变动后信息"复选框，单击"保存"按钮，如图 4-17 所示。

图 4-17　"申请单"窗口

④ 双击"王涛"所在行的"选择"栏，出现"Y"表示选择成功，结果显示如图 4-18 所示。

图 4-18　"调配管理"结果显示对话框

⑤ 单击"执行"按钮，系统弹出"人事业务变动执行完成！是否现在进行手工维护？"信息提示对话框，单击"是"按钮。

⑥ 同理依次输入其他人员的人事业务变动信息。

第 5 章

薪 资 管 理

【实验准备】

- 已安装用友 ERP-U8 V8.72 管理软件：启用 HR 基础设置、人事管理、薪酬管理模块等。
- 已维护相关组织信息及人员信息。
- 设置薪酬管理中的参数。

【实验目的】

通过本实验使学生掌握如何在 U8-HR 系统中对企事业单位的不同薪酬体系进行设置。包括薪资类别、薪资项目、薪资标准表的设置；各种计算方式的设置；整个薪资计算、发放流程；工资分摊、账表的查询等薪资工作的全流程。

【实验内容】

- 薪资标准
- 薪资调整
    - ◆ 调资设置。
    - ◆ 调资处理。
    - ◆ 调资档案。
- 工资类别
- 设置
    - ◆ 发放次数管理。
    - ◆ 人员附加信息设置。
    - ◆ 工资项目设置。
    - ◆ 部门设置。
    - ◆ 人员档案。
- 业务处理
    - ◆ 工资变动。
    - ◆ 扣缴所得税。

♦ 　银行代发。
♦ 　工资分摊。
♦ 　月末处理。
♦ 　反结账。
● 统计分析
● 维护

【实验方法与步骤】

具体实验方法与步骤详见以下各节所述。

5.1 薪酬管理相关参数的设置

在薪酬管理模块应用之初首先要进行基本参数的设置(如表 5-1 所示)。

表 5-1　薪酬管理参数设置

参 数 名 称	参 数 值	备 注
工资类别个数	多个	
扣税设置	从工资中扣缴所得税	
扣零设置	无扣零	

操作步骤:

① 在"业务工作"选项卡中,执行"人力资源"|"薪资管理",系统弹出"薪资管理"对话框,单击"确定"按钮。

② 系统自动弹出"建立工资套"对话框,单击"多个"单选按钮,单击"下一步"按钮,如图 5-1 所示。

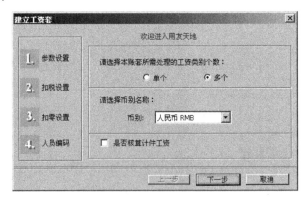

图 5-1　"建立工资套"的参数设置

③ 单击"是否从工资中代扣个人所得税"复选框，单击"下一步"按钮，如图 5-2 所示。

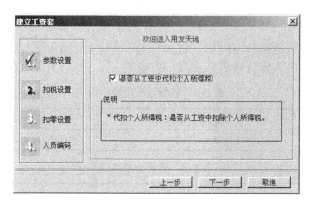

图 5-2　"建立工资套"的扣税设置

④ 选择是否扣零处理单击"下一步"按钮，如图 5-3 所示。

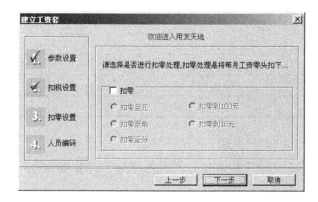

图 5-3　"建立工资套"的扣零设置

⑤ 在弹出的对话框中单击"完成"按钮，如图 5-4 所示。

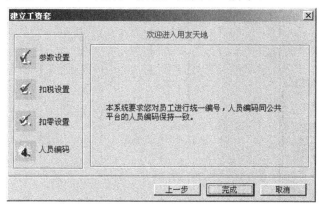

图 5-4　"建立工资套"的人员编码设置

5.2 薪资标准

薪酬标准根据人员类别的不同和工资项目的不同进行设定(如表 5-2 所示)，并且根据企业的具体薪酬资料输入薪资管理系统(如表 5-3 所示)。

表 5-2 薪酬标准设置参数

薪资标准表	对应工资项目	薪资标准参照的项目
管理人员工资	职务工资	任职情况表中的职务

表 5-3 薪资标准资料

序　号	职　务	职 务 工 资
1	总经理	7000
2	副总经理	6500
3	部门经理	6000
4	业务经理	5500
5	财务总监	5000
6	总工程师	4500
7	高级工程师	4000
8	初级工程师	3500

操作步骤：

① 在"业务工作"选项卡中，执行"人力资源"|"薪资管理"|"薪资标准"，进入"薪资标准"对话框，如图 5-5 所示。

图 5-5 "薪资标准"对话框

②　单击"增加"按钮，系统弹出"增加薪资标准"对话框，单击"薪资标准表"单选按钮，在文本框中输入"管理人员工资"，单击"下一步"按钮，如图 5-6 所示。

③　系统弹出"薪资标准表"对话框，单击打开"对应工资项目"下拉列表，选中"职务工资"，在左侧列表中选中"职务"复选框，单击"完成"按钮，如图 5-7 所示。

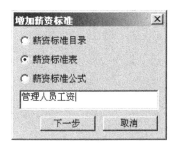

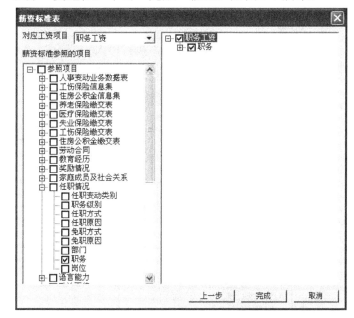

图 5-6　"增加薪资标准"对话框　　　　　　　图 5-7　"薪资标准表"对话框

④　进入"薪资标准"对话框，在"职务工资"栏输入职务工资金额，单击"保存"按钮，任务完成，结果显示如图 5-8 所示。

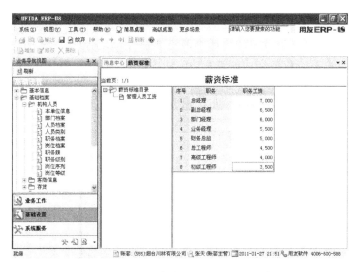

图 5-8　"薪资标准"结果显示对话框

5.3 薪资调整

5.3.1 调资设置

操作步骤:

① 在"业务工作"选项卡中,执行"人力资源"|"薪资管理"|"薪资调整"|"调资设置",进入"调资设置"对话框,如图 5-9 所示。

图 5-9 "调资设置"对话框

② 单击"增加"下三角按钮,选择"调资类别",系统弹出"增加"对话框,在"调资类别"文本框中输入"薪资构成调整",单击"确定"按钮,如图 5-10 所示。

图 5-10 "增加"对话框

③ 在"调资设置"对话框中选中"薪资构成调整",单击"增加"下三角按钮,选择"调资业务", 如图5-11所示。

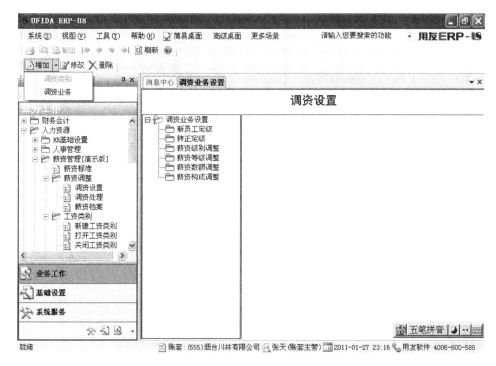

图 5-11 选择"薪资构成调整"

④ 系统弹出"增加"对话框,在"调资业务"文本框中输入"职务工资",单击"下一步"按钮,如图5-12所示。

⑤ 系统弹出"修改设置"对话框,选中"薪资标准目录"复选框,单击"下一步"按钮,如图5-13所示。

图 5-12 "增加"对话框

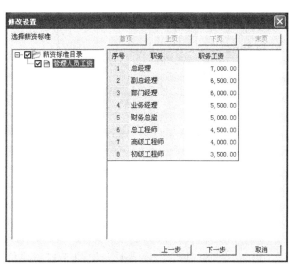

图 5-13 "修改设置"对话框

⑥ 单击"下一步"按钮，如图 5-14 和图 5-15 所示。

图 5-14　设置人员类别

图 5-15　选择人员档案项目

⑦ 单击"完成"按钮，任务完成，结果显示如图 5-16 所示。

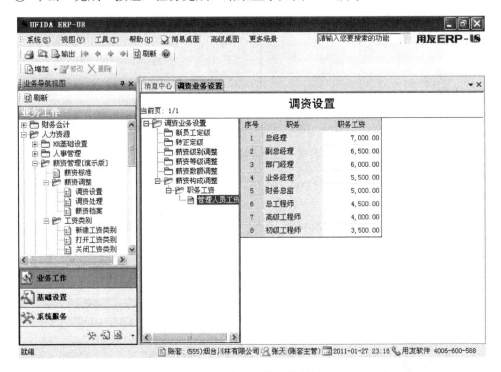

图 5-16　调资业务设置结果显示

5.3.2　调资处理

操作步骤：

① 在"业务工作"选项卡中，执行"人力资源"|"薪资管理"|"薪资调整"|"调资处理"，进入"调资处理"对话框，如图 5-17 所示。

② 单击打开"调资业务"下拉列表，选中"职务工资"，单击"标准"下三角按钮，

选中"选择标准"。

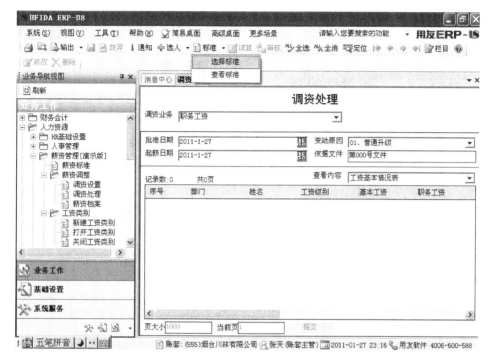

图 5-17 "调资处理"对话框

③ 系统弹出"选择标准"对话框，选中"管理人员工资"复选框，单击"确定"按钮，如图 5-18 所示。

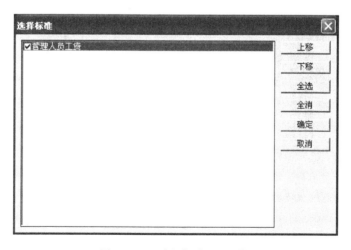

图 5-18 "选择标准"对话框

④ 单击打开"调资业务"下拉列表，选中"职务工资"，单击"选人"下三角按钮，选中"类别选人"，如图 5-19 所示。

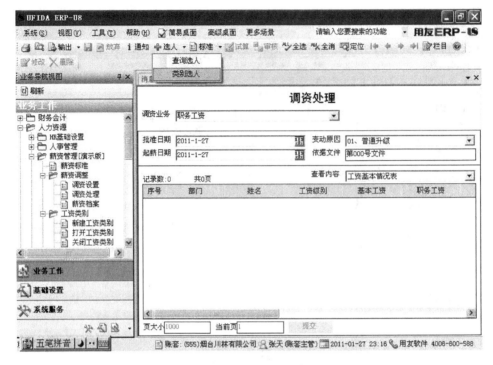

图 5-19　"调资业务"下的"类别选人"

⑤ 在右侧列表中选择总裁办所有人员，单击"确定"按钮，如图 5-20 所示。

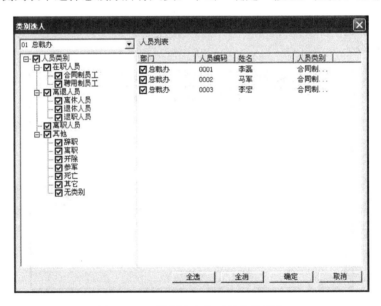

图 5-20　"类别选人"下的人员列表

⑥ 单击"保存"按钮，单击"全选"按钮，再单击"试算"按钮，如图 5-21 所示。

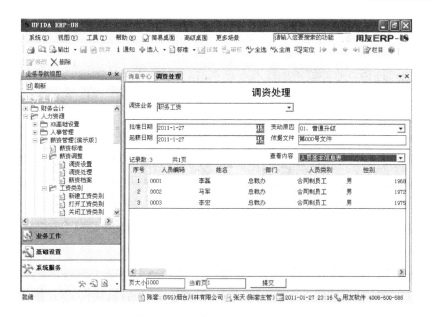

图 5-21　"人员列表"下的计算

⑦ 单击"全选"按钮，单击"审核"按钮，如图 5-22 所示。

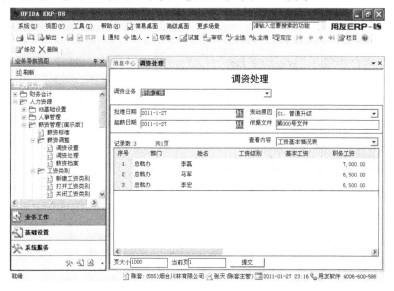

图 5-22　"调资处理"的审核

⑧ 系统弹出"薪资管理"对话框，单击"确定"按钮，任务完成，结果显示如图 5-23 所示。

图 5-23　"薪资管理"结果显示

5.3.3　调资档案

用户可以通过调资业务模块执行调资计算，也可以在本模块浏览/手工维护员工工资数额，并记录员工薪资变动内容：如变动的工资项目、起薪日期、变动原因、变动后工资项目金额、工资项目变动数额等。

5.4　工资类别

5.4.1　新建工资类别

操作步骤：

① 在"业务工作"选项卡中，执行"人力资源"|"薪资管理"|"工资类别"|"新建工资类别"命令，弹出"新建工资类别"对话框，在文本框中输入"在职人员"，单击"下一步"按钮，如图5-24所示。

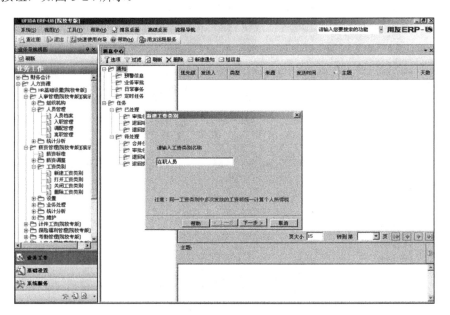

图5-24　"新建工资类别"对话框

② 单击"选定全部部门"按钮，然后单击"完成"按钮，如图5-25所示。

③ 单击"是"按钮，任务完成，结果显示如图5-26所示。

图 5-25　"新建工资类别"对话框

图 5-26　任务完成的结果显示

5.4.2　删除工资类别

删除工资类别时，如果此工资类别已经在人力资源系统中指定了对应关系，则必须先在人力资源系统删除对应关系，然后才能在工资管理系统中删除此工资类别。

5.5　设置

5.5.1　发放次数管理

根据工资类别的不同，需要分别进行工资发放次数的设置，如表 5-4 所示。

表 5-4　发放次数设置

工 资 类 别	发放次数编号	名　　称
在职人员	001	实发工资
在职人员	002	奖金

操作步骤：

① 在"业务工作"选项卡中，执行"人力资源"|"薪资管理"|"设置"|"发放次数管理"命令，打开"多次发放管理"对话框，如图 5-27 所示。

② 单击"升级多次"按钮，在文本框中输入"实发工资"，单击"确定"按钮。

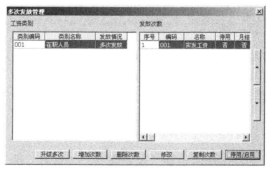
图 5-27　"多次发放管理"对话框

③ 单击"增加次数"按钮，在"请输入新的工资类别名称"文本框中输入"奖金"，单击"确定"按钮，如图 5-28 所示。

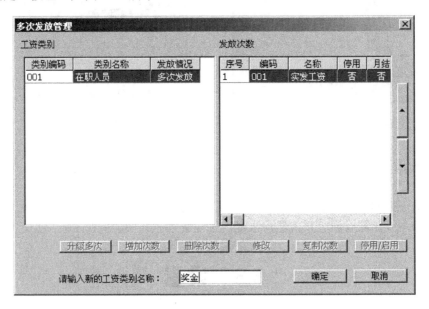

图 5-28 "多次发放管理"的增加次数

④ 任务完成，结果显示如图 5-29 所示。

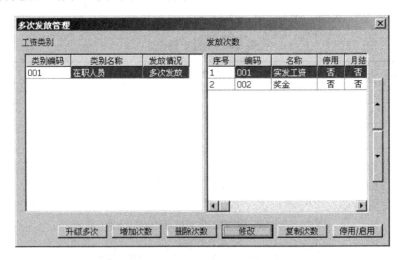

图 5-29 "多次发放管理"结果显示

5.5.2 人员附加信息设置

操作步骤：

① 在"业务工作"选项卡中，执行"人力资源"|"薪资管理"|"设置"|"人员附加信息设置"命令，弹出"人员附加信息设置"对话框，如图 5-30 所示。

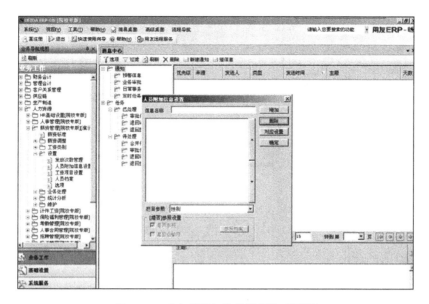

图 5-30　"人员附加信息设置"对话框

②　在"信息名称"文本框中输入"性别",单击"增加"按钮,选中"是否参照"复选框,单击"参照档案"按钮,如图 5-31 所示。

图 5-31　"人员附加信息设置"参照档案

③　系统弹出"工资人员附加信息"对话框,在"参照档案"文本框中输入"男",单击"增加"按钮,再在"参照档案"文本框中输入"女",单击"增加"按钮,单击"确认"按钮,如图 5-32 所示。

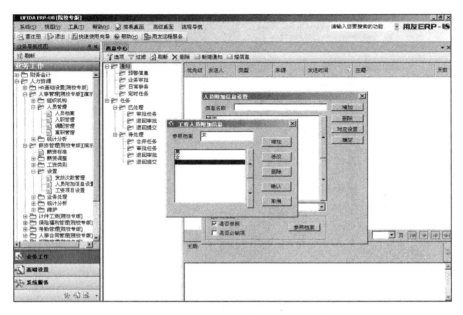

图 5-32 "工资人员附加信息"对话框

④ 同理输入"婚否"信息，如图 5-33 所示。

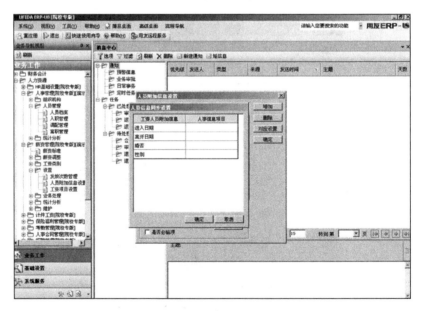

图 5-33 "工资人员附加信息"的婚否设置

5.5.3 工资项目设置

1. 工资项目基本设置

进行工资核算之前要对工资项目的参数进行设置，如表 5-5 所示。

表 5-5　工资项目设置参数

项 目 名 称	数 据 类 型	增 减 属 性	长度/ 小数
岗位工资	数字	增项	8/2
基础工资	数字	增项	8/2
加班工资	数字	增项	8/2
月度绩效奖金	数字	增项	8/2
岗位津贴	数字	增项	8/2
缺勤天数	数字	其他	8/2
考勤扣款	数字	减项	8/2
代扣基础养老	数字	减项	8/2
代扣基础医疗	数字	减项	8/2
代扣失业保险	数字	减项	8/2
代缴公积金	数字	减项	8/2

操作步骤：

提示：

在未打开任何工资类别的情况下进行操作。

① 在"业务工作"选项卡中，执行"人力资源"|"薪资管理"|"设置"|"工资项目设置"命令，打开"工资项目设置"对话框，如图 5-34 所示。

② 单击"增加"按钮，单击打开"名称参照"下拉列表，选择"岗位工资"，双击"增减项"栏，单击下三角按钮，选择"增项"，结果如图 5-35 所示。

图 5-34　"工资项目设置"对话框

图 5-35   对"岗位工资"的设置

2. 公式设置

某些工资项目需要进行公式设置，例如考勤扣款(见表 5-6)。

表 5-6   工资项目公式——考勤扣款

项 目 名 称	数 据 类 型	增 减 属 性	长度/ 小数	项 目 公 式
岗位工资	数字	增项	8/2	
基础工资	数字	增项	8/2	
缺勤天数	数字	其他	8/2	
考勤扣款	数字	减项	8/2	缺勤天数*50
代扣基础养老	数字	减项	8/2	
代扣基础医疗	数字	减项	8/2	
代扣失业保险	数字	减项	8/2	
代缴公积金	数字	减项	8/2	

操作步骤：

① 在"业务工作"选项卡中，执行"人力资源"|"薪资管理"|"工资类别"命令，选择"在职人员"、"实发工资"。

② 在"业务工作"选项卡中，执行"人力资源"|"薪资管理"|"设置"|"工资项目设置"命令，打开"工资项目设置"对话框，如图 5-36 所示。

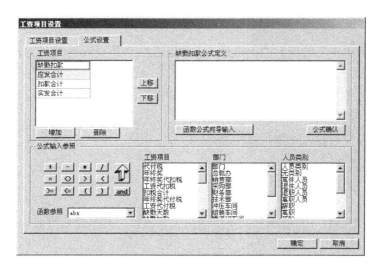

图 5-36 "工资项目设置"对话框

③ 按照实验资料输入工资项目信息。

④ 单击打开"公式设置"选项卡，在文本框中输入公式"缺勤天数*50"，单击"确定"按钮，如图 5-37 所示。

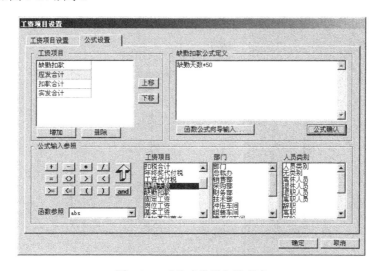

图 5-37 "公式设置"选项卡

3. 奖金设置

奖金的参数设置与实发工资的参数设置类似，如表 5-7 所示。

表 5-7 奖金的参数设置

岗位等级编码	数 据 类 型	增 减 属 性	长度/ 小数
加班工资	数字	增项	8/2
月度绩效奖金	数字	增项	8/2
津贴	数字	增项	8/2

操作步骤：

① 在"业务工作"选项卡中，执行"人力资源"|"薪资管理"|"工资类别"|"打开工资类别"命令，选择"在职人员"、"奖金"。

② 在"业务工作"选项卡中，执行"人力资源"|"薪资管理"|"设置"|"工资项目设置"命令，打开"工资项目设置"对话框。

③ 按照实验资料输入工资项目信息。

5.5.4 部门设置

本模块是对当前打开工资类别的对应部门进行设置，以便按部门核算各类人员工资，提供部门核算资料。

操作步骤：

① 在"业务工作"选项卡中，执行"人力资源"|"薪资管理"|"工资类别"|"打开工资类别"命令，打开"工资项目设置"对话框。选中"在职人员"、"实发工资"，单击"确定"按钮。

② 在"业务工作"选项卡中，执行"人力资源"|"薪资管理"|"设置"|"部门设置"命令，打开部门设置对话框，如图 5-38 所示。

③ 选中所有部门，单击"确定"按钮。

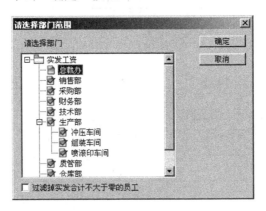

图 5-38 部门设置对话框

④ 在"业务工作"选项卡中，执行"人力资源"|"薪资管理"|"工资类别"|"打开工资类别"命令，打开"工资项目设置"对话框。选中"在职人员"、"奖金"，单击"确定"按钮。

⑤ 在"业务工作"选项卡中，执行"人力资源"|"薪资管理"|"设置"|"部门设置"命令，打开"部门设置"对话框。

⑥ 选中所有部门，单击"确定"按钮。

5.5.5　人员档案

薪资通过银行发放给员工，需要对工资发放的银行账户进行设置，如表 5-8 所示。

表 5-8　银行参数设置

编　号	银 行 名 称	账 号 长 度	备　注
001	中国工商银行	19	

并修改下列人员信息，如表 5-9 所示。

表 5-9　人员银行账户信息

人员姓名	银行名称	银行账号	性　别	婚　否
李磊	中国工商银行	1111111111111111111	男	已婚
马军	中国工商银行	2222222222222222222	男	已婚
李宏	中国工商银行	3333333333333333333	男	已婚
闫晓娟	中国工商银行	4444444444444444444	女	已婚

操作步骤：

① 在"业务工作"选项卡中，执行"人力资源"|"薪资管理"|"工资类别"|"打开工资类别"命令，打开"工资项目设置"对话框。选中"在职人员"、"实发工资"，单击"确定"按钮。

② 在"业务工作"选项卡中，执行"人力资源"|"薪资管理"|"设置"|"业务处理"|"银行代发"命令，系统自动弹出"请选择部门范围"对话框，选中所有部门，单击"确定"按钮，进入"银行代发"窗口，系统弹出"银行文件格式设置"对话框，如图 5-39 所示。

③ 单击打开"银行模板"下拉列表，选择"中国工商银行"，在账号的"总长度"栏输入"19"，单击"确定"按钮。

④ 系统自动弹出"薪资管理"对话框，单击"是"按钮，如图 5-40 所示。

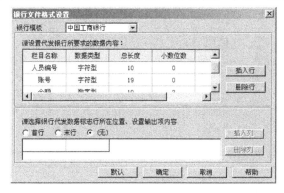

图 5-39　"银行文件格式设置"对话框　　　图 5-40　"薪资管理"对话框

⑤ 在"业务工作"选项卡中，执行"人力资源"|"薪资管理"|"工资类别"|"打开工资类别"命令，打开"工资项目设置"对话框。选中"在职人员"、"实发工资"，单击"确定"按钮。

⑥ 在"业务工作"选项卡中，执行"人力资源"|"薪资管理"|"设置"|"人员档案"命令，进入"人员档案"窗口。

⑦ 单击"批增"按钮，打开"人员批量增加"对话框，在左侧列表中选择"合同制员工"，单击"确定"按钮，如图 5-41 所示。

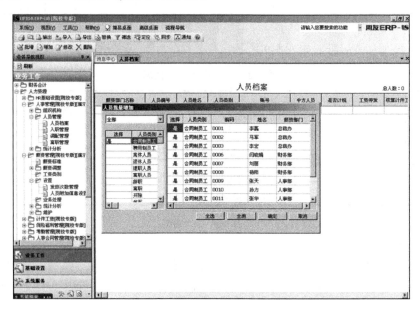

图 5-41　"人员批量增加"对话框

⑧ 选中"李磊"，单击"修改"按钮，如图 5-42 所示。

图 5-42　修改李磊

⑨ 系统弹出"人员档案明细"对话框，单击打开"银行名称"下拉列表，选择"中国工商银行"，在"银行账号"文本框输入"111111111111111111"，单击"确定"按钮，如图 5-43 所示。

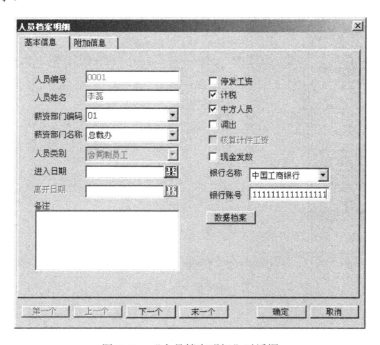

图 5-43　"人员档案明细"对话框

⑩ 系统弹出"薪资管理"对话框，单击"确定"按钮，如图 5-44 所示。

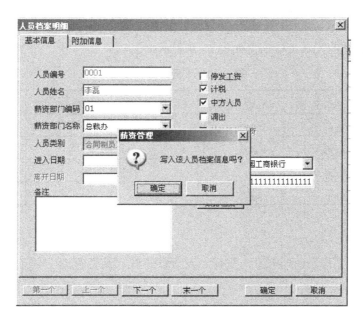

图 5-44　"薪资管理"对话框

⑪ 同理依次输入其他人员信息，如图 5-45 所示。

图 5-45　输入人员信息

5.6　业务处理

5.6.1　实发工资变动

需要输入系统的人员工资信息如表 5-10 所示。

表 5-10　人员工资信息

人 员 姓 名	基 础 工 资	岗 位 工 资	缺 勤 天 数	考 勤 扣 款	代扣基础养老
李磊	5000	1000			100
马军	4000	800			100
李宏	4000	800			100
闫晓娟	3000	800	2	100	100

操作步骤：

① 在"业务工作"选项卡中，执行"人力资源"|"薪资管理"|"工资类别"|"打开工资类别"命令。

② 执行"业务工作"|"人力资源"|"薪资管理"|"设置"|"工资项目设置"命令，选中"在职人员"、"实发工资"，单击"确定"按钮。

③ 在"业务工作"选项卡中，执行"人力资源"|"薪资管理"|"业务处理"|"工资变动"命令，进入"工资变动"对话框，如图 5-46 所示。

④ 单击"编辑"按钮，弹出"工资数据录入—页编辑"对话框，按照实验资料输入工资信息，如图 5-47 所示。

图 5-46　"工资变动"对话框

图 5-47　"工资数据录入—页编辑"对话框

⑤ 输入完所有人的信息，单击"计算"按钮，如图 5-48 所示。

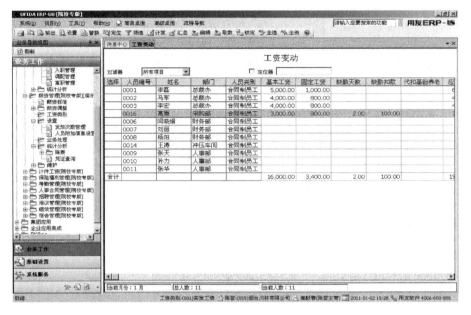

图 5-48 计算工资变动

⑥ 单击"汇总"按钮，结果如图 5-49 所示。

图 5-49 工资变动的汇总

5.6.2 奖金变动

需要输入的人员奖金信息如表 5-11 所示。

表 5-11　人员奖金信息

人 员 姓 名	加 班 工 资	月度绩效考核奖金	津　　贴
李磊	1 000	3 000	500
马军	500	2 000	400
李宏	1 000	2 000	400
闫晓娟	400	1 000	200

操作步骤：

① 在"业务工作"选项卡中，执行"人力资源"|"薪资管理"|"工资类别"|"打开工资类别"命令，打开"工资项目设置"对话框。选"在职人员"、"奖金"，单击"确定"按钮。

② 在"业务工作"选项卡中，执行"人力资源"|"薪资管理"|"业务处理"|"工资变动"命令，进入"工资变动"对话框。

③ 单击"编辑"按钮，打开"工资数据录入—页编辑"，输入工资信息。

④ 输入完所有人信息，单击"计算"按钮。

⑤ 单击"汇总"按钮。

5.7　扣缴所得税

操作步骤：

① 在"业务工作"选项卡中，执行"人力资源"|"薪资管理"|"业务处理"|"扣缴所得税"命令，进入"个人所得税申报模板"对话框，如图 5-50 所示。

图 5-50　"个人所得税申报模板"对话框

② 选中"扣缴个人所得税报表"，单击"打开"按钮。

③ 系统自动弹出"所得税申报"对话框，单击"确定"按钮，如图 5-51 所示。

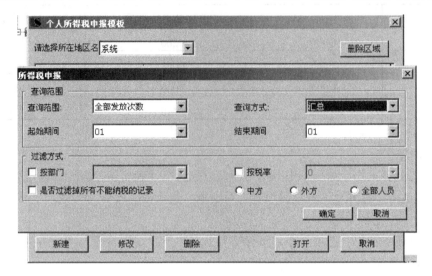

图 5-51　"所得税申报"对话框

④ 进入"个人所得税申报表—税率表"对话框，单击"税率"按钮，设置税率"基数"、"附加费用"，单击"确定"按钮，如图 5-52 所示。

图 5-52　"个人所得税申报表—税率表"对话框

5.8　统计分析

操作步骤：

① 在"业务工作"选项卡中，执行"人力资源"|"薪资管理"|"统计分析"|"账表"|"工资表"命令，打开"工资表"对话框，如图 5-53 所示。

② 选中"部门工资汇总表"，单击"查看"按钮。

③ 选中"总裁办"，单击"确定"按钮，如图 5-54 所示。

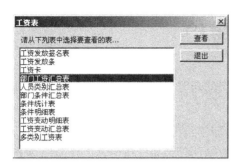

图 5-53　"工资表"对话框

图 5-54　选中"总裁办"

④ 单击"确定"按钮，任务完成，结果显示如图 5-55 和图 5-56 所示。

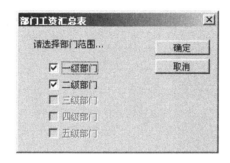

图 5-55　"部门工资汇总表"对话框

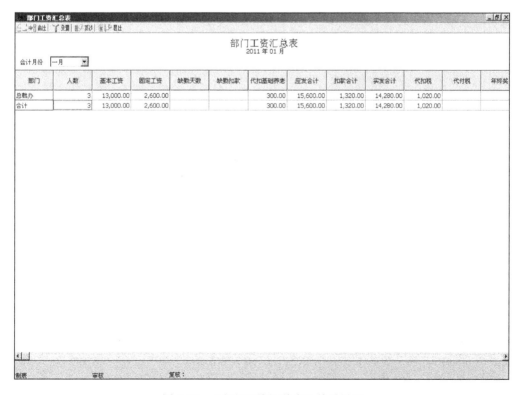

图 5-56　"部门工资汇总表"结果显示

5.9　维护

(1) 当账套为多工资类别时，可利用人员调动功能，实现人员在不同工资类别之间的转换。

(2) 两个或多个工资类别中人员结构相同的工资数据进行人员信息的复制。

(3) 用数据接口管理工具可有效地将相关数据从外部系统中导入到工资管理系统中，例如在水电、房租系统、考勤系统、人事系统以及其他与工资管理有关系统中，将水电费扣缴、房租扣缴、考勤时数等数据导入到工资系统的对应工资项目。

第6章

保险福利管理

【实验准备】

- 已安装用友 ERP-U8 V8.72 管理软件人力资源基础设置、人事管理、薪资管理、福利管理模块。
- 已维护相关组织信息。

【实验目的】

通过本实验使学生掌握在 U8-HR 系统中对社保五险一金的设置，包括对福利项目、保险基数、福利项目计算关系的设置等；熟悉福利缴交计算、审核、汇缴的流程。

【实验内容】

- 基础设置
  - ◆ 福利类别设置。
  - ◆ 福利业务设置。
  - ◆ 分摊类型设置。
- 福利业务
  - ◆ 福利档案设置。
  - ◆ 福利缴交设置。
  - ◆ 费用分摊设置。
  - ◆ 凭证查询设置。
  - ◆ 期末处理设置。
- 统计分析

【实验方法与步骤】

具体实验方法与步骤详见以下各节所述。

6.1 基础设置

6.1.1 福利类别设置

需要输入的福利类别信息如表 6-1 所示。

表 6-1 福利类别信息

福利类别编号	福利类别名称	备　注
006	生育保险	当地政府设置

操作步骤:

① 执行"开始" | "程序" | "用友 ERP-U8" | "企业应用平台"命令,打开"登录"对话框。

② 录入操作员"hrm"(或张天),密码"123",单击"账套"栏的下三角按钮,选择"[555]烟台川林有限公司"。

③ 单击"确定"按钮,进入"企业应用平台"窗口。

④ 在"业务工作"选项卡中,执行"人力资源" | "保险福利管理" | "基础设置" | "福利类别设置",进入"福利类别设置"对话框,如图 6-1 所示。

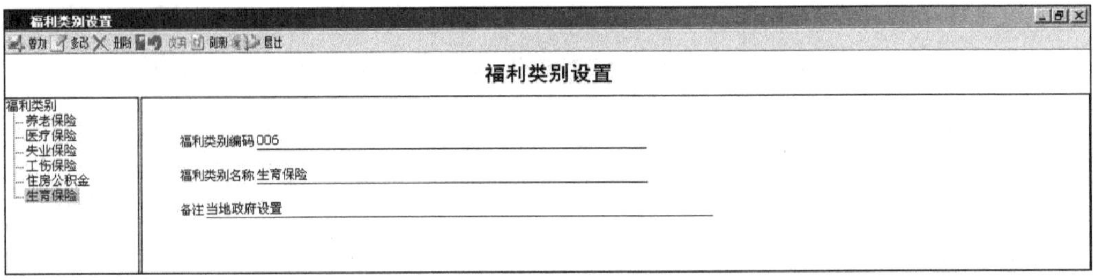

图 6-1 "福利类别设置"对话框

⑤ 按照实验资料输入福利类别信息,单击"增加"按钮。

6.1.2 福利业务设置

需要设置的福利类别信息如表 6-2 所示。

表 6-2 福利类别信息

福 利 类 别	项目数据来源	缴 费 基 数
养老保险	固定值	800
医疗保险	固定值	900

(续表)

福 利 类 别	项目数据来源	缴 费 基 数
失业保险	固定值	800
工伤保险	固定值	800
住房公积金	固定值	1000
生育保险	固定值	500

操作步骤：

① 在"业务工作"选项卡中，执行"人力资源"|"保险福利管理"|"基础设置"|"福利业务设置"，进入"福利业务设置"对话框。

图 6-2　"福利业务设置"对话框

② 在"福利类别"下拉列表中选中"养老保险"，如图 6-2 所示，在左侧列表中选择"缴交基数"，如图 6-3 所示，单击"修改"按钮。

③ 在"固定值"中输入"800"，单击"保存"按钮。

④ 同理依次设置其他福利业务信息。

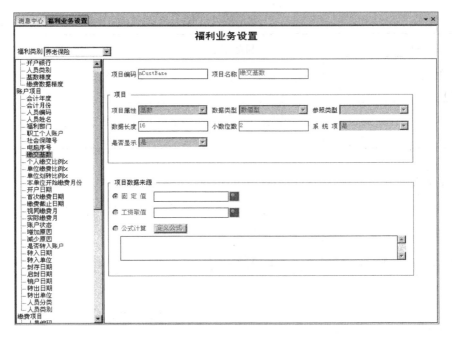

图 6-3 "福利业务设置"对话框缴交基数的设置

6.2 福利业务

6.2.1 福利档案

操作步骤：

① 在"业务工作"选项卡中，执行"人力资源"|"保险福利管理"|"福利业务"，进入"福利档案"窗口。

② 选择福利类别后，对新开户的员工进行开户操作，在"业务"下拉列表中选中"开户"，如图 6-4 所示。

③ 选中"烟台川林有限公司"并单击"全选"按钮，再单击"计算"按钮，如图 6-5 所示。

6.2.2 福利缴交

操作步骤：

① 在"业务工作"的选项卡中，执行"人力资源"|"保险福利管理"|"福利业务"，进入"福利缴交"对话框。

② 选择"福利类别"和"缴交类型"，单击"全选"按钮和"计算"按钮，进行缴费金额的计算，如图 6-6 所示。

markdown

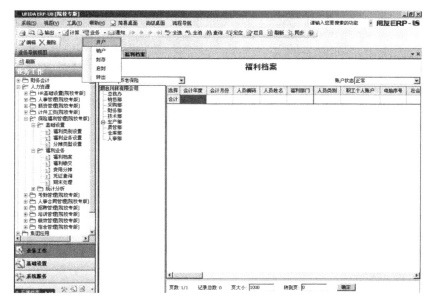

图 6-4 "福利档案"对话框

图 6-5 在"福利档案"对话框中进行计算

图 6-6　"福利缴交"对话框

第 7 章

考 勤 管 理

【实验准备】

- 已安装用友 ERP-U8 V8.72 管理软件的人力资源基础设置、人事管理、考勤管理模块。
- 已维护相关组织信息、人员信息、与考勤休假管理有关的自定义档案信息。

【实验目的】

通过本实验，使学生掌握在 U8-HR 系统中实现员工考勤管理流程，包括考勤设置、排班管理、刷卡数据、日常业务、报表的统计分析等考勤休假管理的全过程处理。

【实验内容】

- 考勤设置
    - ◆ 考勤类别。
    - ◆ 通用考勤制度。
    - ◆ 特殊考勤制度。
    - ◆ 休息日。
    - ◆ 考勤班次。
    - ◆ 班组。
    - ◆ 考勤期间。
    - ◆ 考勤人员。
    - ◆ 考勤机管理。
    - ◆ 考勤项目。
    - ◆ 考勤算法。
- 日常业务
    - ◆ 排班管理。
    - ◆ 加班登记。
    - ◆ 请假登记。
    - ◆ 出差登记。
    - ◆ 假期管理。

- 数据处理
    - ◆ 刷卡数据。
    - ◆ 考勤计算。
    - ◆ 异常处理。
    - ◆ 月考勤汇总。
- 常用报表
    - ◆ 考勤日报。
- 统计分析
    - ◆ 固定统计表。
    - ◆ 动态报表。
    - ◆ 综合分析。

【实验方法与步骤】

具体实验方法与步骤详见以下各节所述。

7.1 考勤设置

7.1.1 考勤类别

需要增加的考勤类别如表 7-1 所示。

表 7-1 要增加的考勤类别

考 勤 类 别	班次类别编号	班次类别名称
班次类别	AS00	白班
班次类别	AS01	夜班
请假类别	BS00	事假
请假类别	BS01	病假
请假类别	BS02	调休
请假类别	BS03	欠班
请假类别	BS04	年假
请假类别	BS05	产假
请假类别	BS06	婚假
请假类别	BS07	探亲假
请假类别	BS08	丧假
请假类别	BS09	工伤假
请假类别	BS10	哺乳假
请假类别	BS11	公假

(续表)

考 勤 类 别	班次类别编号	班次类别名称
请假类别	BS12	护理假
加班类别	CS01	工作日加班
加班类别	CS02	休息日加班
加班类别	CS03	节假日加班
出差类别	DS01	本地公出
出差类别	DS02	外地出差

注：考勤类别分为班次类别、请假类别、加班类别和出差类别四个大类，以上为系统预置的考勤类别，预置的考勤类别不允许删除，修改考勤类别不允许修改编码，系统预置的类别编码四个大类分别以AS、BS、CS、DS 开头，用户新增的类别以 AU、BU、CU、DU 开头。

操作步骤：

① 登录 U8 企业应用平台—烟台川林有限公司，执行"业务工作" | "人力资源" | "考勤管理" | "考勤设置" | "考勤类别"命令，进入"用友 ERP-U8 考勤类别"对话框，如图 7-1 所示。

② 选择具体的类别，单击"增加"按钮，可以增加新的类别。例如，选择"班次类别"选项，单击"增加"按钮，可以增加新的考勤类别。

③ 选择具体的类别，单击"修改"或"删除"按钮，可以修改或删除考勤类别信息。

图 7-1 "考勤类别"对话框

7.1.2 通用考勤制度

通用考勤制度可以根据单位的实际情况，以参数化的方式配置考勤制度，主要包含单位使用的工时制度、考勤规则、加班规则、加班抵扣、签卡、出差六个页签。

操作步骤：

① 登录 U8 企业应用平台—烟台川林有限公司，执行"业务工作"|"人力资源"|"考勤管理"|"考勤设置"|"通用考勤制度"命令，进入"用友 ERP-U8 通用考勤制度"对话框，如图 7-2 所示。

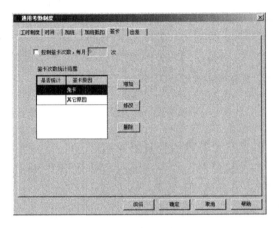

图 7-2　"通用考勤制度"对话框

② 分别选择不同的页签选项，在各分页签设置各个参数。例如，选择"签卡"选项，单击"编辑"按钮，可以分别单击"增加"，弹出如图 7-3 所示的对话框，输入签卡原因编码及签卡原因名称等信息，单击"确定"按钮，即增加成功。

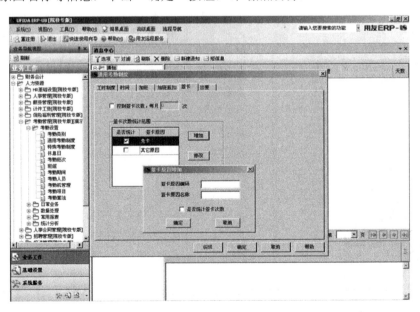

图 7-3　设置签卡参数

③ 同上述操作步骤，单击"修改"或"删除"等按钮可以进行参数设置的操作。

7.1.3 特殊考勤制度

需要设置的考勤制度如表 7-2 所示。

表 7-2 要设置的考勤制度

类别编码	类别名称	工时制度	休息日方案	班次	最小加班时间	加班扣除时间
00	默认	标准工时制	中国大陆	正常班	30 分钟	

操作步骤:

① 登录 U8 企业应用平台—烟台川林有限公司，执行"业务工作"|"人力资源"|"考勤管理"|"考勤设置"|"特殊考勤制度"命令，进入"特殊考勤制度"对话框，如图 7-4 所示。

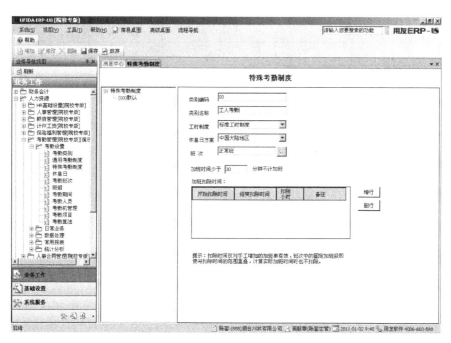

图 7-4 "特殊考勤制度"对话框

② 单击"增加"按钮，输入相关信息，单击"增行"按钮，输入开始扣除时间和结束扣除时间等，单击"保存"按钮，即增加成功。

③ 同上述操作步骤，单击"修改"或"删除"等按钮可以进行参数设置的操作。

提示:

系统预置的(默认)特殊考勤制度不允许删除，但可修改除类别编码外的所有内容(包括类别名称)。

7.1.4 休息日

休息日方案包括三部分，一是正常公休(周六、周日)，二是法定节假日，三是公休日调整。需要增加的休息日方案如表 7-3 和表 7-4 所示。

表 7-3　要增加的法定节假日方案

序　号	日　期	法定节假日名称
01	2011-01-01	元旦
02	2011-02-13	春节
03	2011-02-14	春节

表 7-4　要调整的公休日方案

序　号	日　期	星　期	休　息	备　注
01	2011-02-16	二	是	春节放假调整为公休
02	2011-02-20	六	否	春节放假调整为上班
03	2011-02-21	日	否	春节放假调整为上班

操作步骤：

① 登录 U8 企业应用平台—烟台川林有限公司，执行"业务工作"|"人力资源"|"考勤管理"|"考勤设置"|"休息日"命令，进入"用友 ERP-U8 休息日"对话框。

② 单击"增加"按钮，弹出"休息日方案增加"对话框，如图 7-5 所示，输入编码和名称，单击"确定"按钮，增加休息日方案成功。

图 7-5　休息日方案设置对话框

③ 选择"法定节假日"选项，单击工具栏上的"修改"按钮，即可增加或删除相关法定节假日安排，如图 7-6 所示。

图 7-6 设置"法定节假日"对话框

④ 同上述操作步骤，可以增加或删除公休日调整的相关安排，如图 7-7 所示。

图 7-7 设置"公休日"对话框

7.1.5 考勤班次

可定义班次的具体信息，如设置班次编码、名称、班次时间段的上下班时间等内容。只有设置了班次，才能进行排班操作；系统根据班次设置及员工刷卡情况计算员工的出勤情况。

操作步骤：

① 登录 U8 企业应用平台—烟台川林有限公司，执行"业务工作"|"人力资源"|"考勤管理"|"考勤设置"|"考勤班次"命令，进入"用友 ERP-U8 考勤班次"对话框，如图7-8 所示。

② 单击工具栏上的"修改"按钮，即可进行相关参数的设置和修改。

提示：

班次有两种状态：启用及禁用。若班次已被禁用，在排班时则无法看到此班次。

图 7-8　设置考勤班次对话框

7.1.6 班组

考勤模块的班组主要是为了方便自动排班，既可以是组织意义上的班组，也可以看作是具有相同或相似考勤规则的员工的集合。班组人员名单需要到考勤人员中指定人员所属的班组。需要增加的班组基本信息如表 7-5 所示。

表 7-5 要增加的班组基本信息

班 组 编 码	班 组 名 称	所 属 部 门
01	正常班组	全部

操作步骤：

① 登录 U8 企业应用平台—烟台川林有限公司，执行"业务工作"|"人力资源"|"考勤管理"|"考勤设置"|"班组"命令，进入"用友 ERP-U8 班组"对话框，如图 7-9 所示。

② 单击工具栏上的"增加"按钮，输入相关信息，即可增加班组。

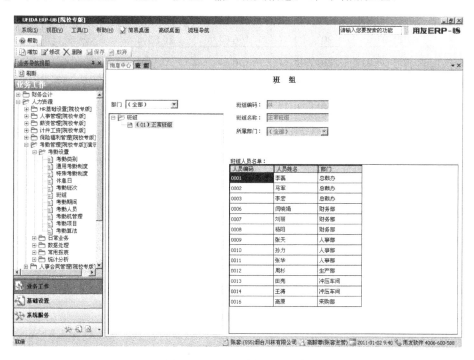

图 7-9 设置"班组"对话框

7.1.7 考勤期间

在对员工进行考勤时，一般是以考勤期间为时间单位对员工进行考勤，同时定义考勤期间也方便考勤系统与薪资系统接口。

在定义考勤期间时，以年度为单位，设置若干个考勤期间，然后再具体定义每个考勤期间，当在通用考勤制度的工时页签内选择了综合工时制时才显示结算加班工资。若勾选此列，综合工时制的员工在当月结算加班工时。同时系统提供考勤期间的封存功能，考勤期间封存后，对该期间的任何数据都不能再进行修改。封存考勤期间条件：该期间之前的考勤期间已经被封存；考勤期间解封条件：该期间之后的考勤期间没有被封存。

需要设置的考勤期间信息如表 7-6 所示。

表 7-6　要设置的考勤期间信息

考勤期间	起始日期	结束日期	月工作小时数	月工作日	结算加班工资	封存状态
1	2011-01-01	2011-01-31	166.64	20.83	√	未封存
2	2011-02-01	2011-02-28	166.64	20.83	√	未封存
3	2011-03-01	2011-03-31	166.64	20.83	√	未封存
4	2011-04-01	2011-04-30	166.64	20.83	√	未封存
5	2011-05-01	2011-05-31	166.64	20.83	√	未封存
6	2011-06-01	2011-06-30	166.64	20.83	√	未封存
7	2011-07-01	2011-07-31	166.64	20.83	√	未封存
8	2011-08-01	2011-08-31	166.64	20.83	√	未封存
9	2011-09-01	2011-09-30	166.64	20.83	√	未封存
10	2011-10-01	2011-10-31	166.64	20.83	√	未封存
11	2011-11-01	2011-11-30	166.64	20.83	√	未封存
12	2011-12-01	2011-12-31	166.64	20.83	√	未封存

操作步骤：

① 登录 U8 企业应用平台—烟台川林有限公司，执行"业务工作"|"人力资源"|"考勤管理"|"考勤设置"|"考勤期间"命令，进入"用友 ERP-U8 考勤期间"对话框。

② 单击工具栏"增加"按钮，弹出"考勤期间设置"对话框，如图 7-10 所示。

图 7-10　设置考勤期间对话框

③ 输入相关信息，单击"确定"，弹出如图7-11所示对话框。输入"起始日期"和"结束日期"，勾选"结算加班工资"，单击"保存"，即得到如图7-12所示的各年度"考勤期间"信息对话框。

考勤期间	起始日期	结束日期	月工作小时数	月工作日	结算加班工资
01			166.64	20.83	未
02			166.64	20.83	未
03			166.64	20.83	未
04			166.64	20.83	未
05			166.64	20.83	未
06			166.64	20.83	未
07			166.64	20.83	未
08			166.64	20.83	未
09			166.64	20.83	未
10			166.64	20.83	未
11			166.64	20.83	未
12			166.64	20.83	未

图7-11 "考勤期间日期"设置对话框

图7-12 各年度"考勤期间"信息对话框

7.1.8　考勤人员

需要增加的考勤人员如表 7-7 所示。

表 7-7　要增加的考勤人员

人员编码	姓　名	是否考勤	考勤卡号	考勤规则	所属班组	所属部门
0001	李磊	否	000101001	正常班	正常班组	01
0002	马军	是	000201102	正常班	正常班组	01
0003	李宏	是	000301003	正常班	正常班组	01
0004	闫晓娟	是	000402004	正常班	正常班组	02
0005	刘丽	是	000502005	正常班	正常班组	02
0006	杨阳	是	000602006	正常班	正常班组	02
0007	张天	是	000703007	正常班	正常班组	03
0008	孙力	是	000803008	正常班	正常班组	03
0009	张华	是	000903009	正常班	正常班组	03
0010	周杉	是	001007010	正常班	正常班组	07
0011	田亮	是	001107011	正常班	正常班组	0701
0012	王涛	是	001207012	正常班	正常班组	0701

操作步骤：

① 登录 U8 企业应用平台—烟台川林有限公司，执行"业务工作"|"人力资源"|"考勤管理"|"考勤设置"|"考勤人员"命令，进入"用友 ERP-U8 考勤人员"对话框。

② 增加考勤人员信息。如图 7-13 所示，单击工具栏中的"修改"按钮，进行相关信息的修改。

图 7-13　增加"考勤人员"信息对话框

7.1.9　考勤机管理

从 870 开始用友 ERP 管理软件增加了直接集成第三方考勤机的模式,支持从考勤机中直接下载刷卡数据到 U8 考勤系统。

考勤管理支持两种第三方考勤机系统集成方案:直接集成方案和外部数据文件接口方案。

外部数据文件接口方案:仅支持导入 TXT 格式的考勤机刷卡数据文件。

直接集成方案:可直接将用友协作厂家的刷卡数据从考勤机下载到考勤系统,支持COM 口和 IP 地址两种访问模式。

考勤机设置的内容包括:考勤机设置程序、数据接收程序、结果文件名称、结果文件格式。通过接口设置,可集成第三方的考勤机系统。

提示:

(1) 考勤数据文件每行只能有一条刷卡数据。

(2) 刷卡数据格式按卡号、年、月、日、小时、分钟、考勤机号、考勤标志以无关项分隔,后两项为可选项目。

(3) 如果设置了考勤标志,则系统只导入在指定位置存在的与考勤标志相同内容的记录。

7.1.10　考勤项目

考勤项目即为 871 及以前版本中【信息结构】中的考勤日结果和考勤月结果表,并新增班段结果表,三张表中分别包含了考勤日结果、考勤月结果和班段结果中的项目。

操作步骤:

① 登录 U8 企业应用平台—烟台川林有限公司,执行"业务工作"|"人力资源"|"考勤管理"|"考勤设置"|"考勤项目"命令,进入"用友 ERP-U8 考勤项目"对话框。

② 选中要增加项目的表,单击"增加"按钮。录入项目编码、项目名称、数据类型、参照项目(数据类型为参照)、数据长度、小数长度、是否显示等信息。单击"保存"按钮保存信息。

7.1.11　考勤算法

将班段算法、日结果汇总算法、月结果汇总算法按业务逻辑设计为多个子过程,每个子过程包括三个组成部分:预处理过程、标准算法、后处理过程。其中:预处理过程、后处理过程默认为空,可由用户或实施人员设计自定义算法。标准算法可配置是否启用。标准算法和自定义算法可更好的组合,解决各种复杂场景的应用问题。

举例:对于考勤日结果表,增加一个用于折算迟到时间的公式,实现分段计算。需要增加的考勤算法如表 7-8 所示，算法公式如表 7-9 所示。

表 7-8　要增加的考勤算法

实际迟到时间(分钟)	折算迟到时间(分钟)
0	0
1~30	30
31~60	60
60 以上	120

表 7-9　要增加的考勤算法公式

表　　名	字段名称	公式名称	公式内容	计算顺序	是否启用
考勤日结果	迟到折算分钟数	迟到时间折算公式	分情况 如果 考勤日结果.迟到时间＝0 那么 0 如果 考勤日结果.迟到时间 在 1 和 30 之间 那么 30 如果 考勤日结果.迟到时间 在 31 和 60 之间 那么 60 否则 120 结束	1	启用

操作步骤：

① 登录 U8 企业应用平台—烟台川林有限公司，执行"业务工作"|"人力资源"|"考勤管理"|"考勤设置"|"考勤项目"命令，进入"用友 ERP-U8 考勤项目"对话框。

② 单击工具栏中的"增加"按钮，输入名称"迟到折算分钟数"，数据类型选择"整型"，如图 7-14 所示。

图 7-14　"考勤项目"设置对话框

③ 登录 U8 企业应用平台—烟台川林有限公司，执行"业务工作"|"人力资源"|"考勤管理"|"考勤设置"|"考勤算法"命令，进入"用友 ERP-U8 考勤算法"对话框。

④ 选择"日结果算法"|"计算实际出勤时间"节点，如图 7-15 所示。单击"增行"按钮，参照输入目标字段，在"第三步：后处理公式"中录入公式说明、公式内容、计算顺序、是否启用等信息。

图 7-15 "考勤算法"设置对话框

提示：

因为在考勤项目里已输入"迟到折算分钟数"这个项目，所以，在输入目标字段时，可以单击 ┉ 进行选择。输入公式内容时，按以下步骤：单击 🔍 ，执行"内部函数"|"语句函数"|"IF 语句"命令，进行公式内容的输入，如图 7-16 所示。

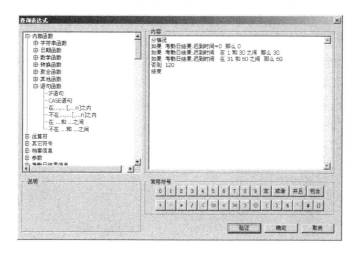

图 7-16 公式"查询表达式"对话框

⑤ 单击"保存"按钮保存计算公式信息。单击"修改"按钮，修改计算公式信息。单击"删行"按钮，删除选中的对应公式行。

7.2 日常业务

7.2.1 排班管理

系统提供了多种排班方式：自动排班、批量排班、手工排班、轮班排班和参照排班。已经封存的考勤期间不能重新排班进入。当月排班完成后，可将排班表进行锁定，已锁定的排班表不允许修改排班和日期属性。

1. 自动排班

操作步骤：

① 登录 U8 企业应用平台—烟台川林有限公司，执行"业务工作"|"人力资源"|"考勤管理"|"日常业务"|"排班管理"命令，进入"用友 ERP-U8 排班管理"对话框。

② 选择人员"周彬"，单击"修改"后，单击"自动"(排班日期为 2011.01.01-2011.01.31)。如图 7-17 所示。自动排班结果如图 7-18 所示。

提示：

按照考勤人员的特殊考勤制度所归属的考勤班次、休息日方案进行排班，界面上会按照不同颜色区分当前排班的月份内哪天是工作日、休息日和节假日，默认显示为班次编码，并可以单击鼠标右键切换为显示班次名称。

图 7-17　自动"排班管理"对话框

图 7-18 自动排班结果

2. 批量排班、手工排班

需要增加的排班信息如表 7-10 所示。

表 7-10 要增加的排班信息

人员名称	2011-01-01	2011-01-02	2011-01-03	2011-01-04	2011-01-05
闫晓娟	休息	休息	休息	正常班	大夜
刘丽	休息	休息	休息	正常班	大夜
杨阳	休息	休息	休息	正常班	大夜

操作步骤:

① 登录 U8 企业应用平台—烟台川林有限公司,执行"业务工作"|"人力资源"|"考勤管理"|"日常业务"|"排班管理"命令,进入"用友 ERP-U8 排班管理"对话框。

② 选择人员"闫晓娟、刘丽",单击"修改"按钮后,单击"批量"按钮。弹出如图 7-19 所示对话框,按信息进行排班。

图 7-19 "批量排班"对话框

提示：

批量排班必须把整月都排完才能确定。

③ 选择人员"杨阳"，单击"修改"，可进行手工排班，如图 7-20 所示。

图 7-20　"排班管理"对话框

3. 参照排班、轮转排班

参照排班：当前人员的排班情况可以参照已排班人员的信息设置。操作步骤如下。

① 选择人员后，单击"参照"按钮，可以参照已排班人员的信息设置，如图 7-21 所示。

② 选择人员后，单击"轮转"按钮，可以设置轮班班次、天数、轮班间隔的休息日天数。系统将根据轮班设置信息对员工进行排班，如图 7-22 所示。

图 7-21　"参照排班"对话框

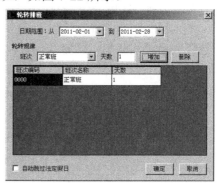

图 7-22　"轮转排班"对话框

7.2.2 加班登记

需要增加的加班登记信息如表 7-11 所示。

表 7-11 要增加的加班登记信息

人员名称	加班时间	加班日期	审批人	加班类别	加班原因
杨阳	2	2011-01-04	闫晓娟	工作日加班	工作需要
闫晓娟	3	2011-01-04	闫晓娟	工作日加班	工作需要

操作步骤:

① 登录 U8 企业应用平台—烟台川林有限公司, 执行 "业务工作" | "人力资源" | "考勤管理" | "日常业务" | "加班登记" 命令, 进入 "用友 ERP-U8 加班登记" 对话框。

② 选择员工后, 单击加班信息下的 "增加" 按钮, 增加员工加班信息, 如图 7-23 所示。

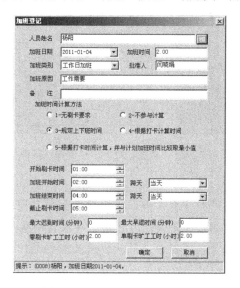

图 7-23 "加班登记" 对话框

③ 请假、出差、休假业务的操作步骤同上。

7.3 数据处理

7.3.1 刷卡数据

刷卡数据包括以下几类。

① 将考勤机数据下载到本地数据文件(数据接收程序)。

② 从本地数据文件导入考勤刷卡数据(参照结果文件格式)。

③ 由于某种原因一组或个别员工没有刷卡数据时(如班车迟到),通过该功能补刷卡记录,系统提供了根据排班情况自动生成正常刷卡数据或手工补刷卡时间两种方式。

④ 以每个人的考勤规则为依据,以原始刷卡数据为基础计算每天的考勤结果,同时提供对程序无法处理的刷卡数据(异常刷卡数据)进行二次处理。

7.3.2　考勤计算

以排班、通用考勤制度和特殊考勤制度为依据,以原始刷卡数据为基础,计算员工每天的考勤结果。

操作步骤:

① 登录 U8 企业应用平台—烟台川林有限公司,执行"业务工作"|"人力资源"|"考勤管理"|"数据处理"|"考勤计算"命令,弹出如图 7-24 所示对话框,录入相关信息。

图 7-24　"考勤计算"信息设置对话框

提示:

录入计算人员范围分为两种模式:部门班组模式和姓名模式。部门班组模式为选择具体的部门以及该部门下的班组;人员模式为直接输入人员编码,或姓名,或参照选择人员,并允许进行多选,多选时人员之间以分号隔开;录入需要进行考勤计算的日期范围时,范围不能超过 45 天。

② 单击 "确定"按钮,完成考勤计算。

提示:

如果使用直接集成模式,可以在系统服务中,根据定时任务设置自动计算每天的考勤,生成班段考勤结果和日考勤结果。

7.3.3　异常处理

通过异常处理功能加强系统的异常考勤查看及处理功能,并对异常进行分类,以便能准确高效地处理异常考勤结果。

操作步骤:

① 登录 U8 企业应用平台—烟台川林有限公司,执行"业务工作"|"人力资源"|"考

勤管理"|"数据处理"|"异常处理"命令,弹出如图 7-25 所示对话框。输入查询人员范围、日期范围,选择异常资料。可以同时选择数据的审核状态,并可以同时选择查看的数据中是否包含加班、请假、出差情况。

图 7-25　"异常查询"对话框

② 单击 "确定"按钮,完成资料查询,如图 7-26 所示。

图 7-26　"异常处理"信息查询对话框

7.3.4　月结果汇总

操作步骤:

① 登录 U8 企业应用平台—烟台川林有限公司,执行"业务工作"|"人力资源"|"考

勤管理"|"数据处理"|"月结果汇总"命令，进入"用友 ERP-U8 月结果汇总"对话框。

② 选择要进行汇总的部门或班组，选择需要汇总的考勤期间，单击工具栏上"汇总"按钮，系统将对当前选择范围人员在指定考勤期间的考勤结果进行汇总，如图 7-27 所示。

提示：

① 新版本考勤月结果上的相应数据不再根据加班单、请假单、休假单、出差单、调休单上的时间进行汇总，而是根据日结果数据进行汇总。

② 综合工时制：工作日加班时间=实出勤(小时)－标准工作小时，工作日加班时间可以小于 0。

③ 重新汇总会将手工修改过的记录覆盖。

图 7-27 "月考勤汇总"对话框

7.4 考勤日报

为方便 HR 部门、各部门经理了解员工的迟到、早退、旷工工时等出勤情况，系统提供了考勤日报表。考勤日报表是把汇总后的数据进行统计并且根据查询条件列出员工的日出勤情况。

操作步骤：

① 登录 U8 企业应用平台—烟台川林有限公司，执行"业务工作"|"人力资源"|"考

勤管理"|"常用报表"|"考勤日报"命令，进入"用友 ERP-U8 考勤日报"对话框。

　② 选择要进行查询的部门或班组，选择需要查询的考勤期间，即可查看所需的考勤
日报，如图 7-28 所示。

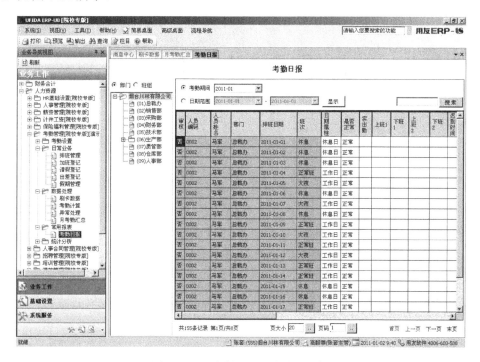

图 7-28　"考勤日报"查询对话框

7.5　统计分析

　统计分析主要就是固定报表、动态报表、综合分析三类，可以在 HR 基础设置中定义
好分配到各个模块。

第 8 章

人事合同管理

【实验准备】

- 已安装用友 ERP-U8 V8.72 管理软件：启用 HR 基础设置、人事管理、人事合同模块等。
- 已维护相关组织信息及人员信息。
- 设置人员合同管理中的参数。

【实验目的】

通过本实验，使学生掌握 eHR 系统中对员工劳动合同、岗位协议、保密协议、培训协议及其他自定义协议的处理，包括各类合同/协议的签订、变更、解除、续签、终止。掌握人事合同管理模块与人员机构管理、人事管理、培训管理等模块的关联。了解续签意见征询、劳动争议的处理。利用合同台账及合同报表进行查询统计。

【实验内容】

- 基础设置。
- 合同类型管理。
- 通知模板。
- 日常业务。
- 日常管理。
- 劳动争议。
- 台账管理。
- 统计分析。

【实验方法与步骤】

具体实验方法与步骤详见以下各节所述。

8.1　基础设置

8.1.1　劳动合同设置

本系统将不同种类的合同分为不同的合同类型进行管理。系统预制了合同类型，用户可以根据需要自定义更多的合同类型。

8.1.2　通知模板

需要增加的通知模板如表 8-1 所示。

表 8-1　要增加的通知模板

人 事 模 板	模 板 内 容	详 细 信 息
人事合同到期通知	您的劳动合同即将到期，请及时到人力资源部进行合同续签	为设置默认信息

操作步骤:

① 登录 U8 企业应用平台—烟台川林有限公司，执行"业务工作"|"人力资源"|"人事合同管理"|"基础设置"|"通知模板"命令，进入"用友 ERP-U8 系统管理"对话框。

② 单击"增加"按钮，弹出通知模板对话框，如图 8-1 所示。

图 8-1　"通知模板"对话框

③ 输入模板名称、模板内容和详细信息。

④ 单击"保存"按钮，完成通知模板的设置。

8.2 合同业务处理

8.2.1 初签业务

对合同进行初签，需要增加的初签业务如表 8-2 所示。

表 8-2 要增加的初签业务

签订类型	人员	合同期限类型	合同编号	合同期限(月)	合同开始日期	合同结束日期
初签	李磊	固定期限	0001	24	2009-05-08	2011-05-07
初签	马军	固定期限	0002	24	2009-05-08	2011-05-07
初签	李宏	固定期限	0003	36	2008-06-01	2011-05-31
初签	闫晓娟	固定期限	0004	12	2010-05-10	2011-05-09
初签	刘丽	固定期限	0005	24	2009-12-01	2011-11-30
初签	杨阳	固定期限	0006	24	2009-11-01	2011-10-31
初签	张天	固定期限	0007	24	2009-01-01	2007-12-31
初签	孙力	固定期限	0008	24	2009-07-01	2011-06-30
初签	张华	固定期限	0009	24	2009-04-01	2008-03-31
初签	周杉	固定期限	0010	12	2010-02-01	2008-01-31
初签	田亮	固定期限	0011	24	2009-02-01	2011-01-31
初签	王涛	固定期限	0012	24	2009-01-01	2008-12-31

操作步骤：

① 登录 U8 企业应用平台—烟台川林有限公司，执行"业务工作"|"人力资源"|"人事合同管理"|"劳动合同"命令，进入"用友 ERP-U8 系统管理"对话框。

② 单击"全选"按钮，打开"业务"下拉列表，选中"初签"单选按钮，弹出"初签劳动合同"对话框，如图 8-2 所示。选中"固定期限劳动合同"单选按钮，单击"确定"，弹出"劳动合同"对话框，如图 8-3 所示按实验资料输入相关信息，单击"保存"。

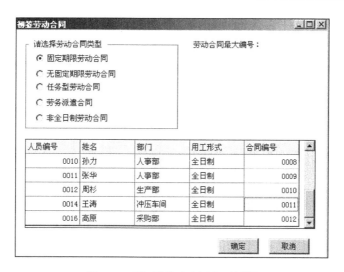

图 8-2　"初签劳动合同"对话框

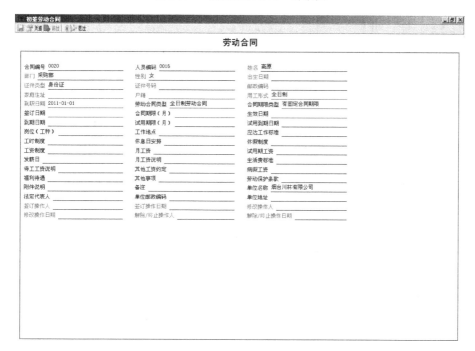

图 8-3　"劳动合同"信息设置对话框

③ 选中"人员模式"单选按钮，再选中"已签"单选按钮，弹出所有已签人员的相关信息，如图 8-4 所示。

图 8-4 "已签人员信息"对话框

④ 进入"合同信息"窗口进行信息修改。

8.2.2 合同变更业务

对合同进行变更需要增加的合同变更业务如表 8-3 所示。

表 8-3 要增加的合同变更业务

签订类型	人员	合同期限类型	合同期限(月)	合同开始日期	合同结束日期	变更日期
变更	周彬	固定期限	36	2007-02-01	2011-01-31	2007-12-01

操作步骤:

① 登录 U8 企业应用平台—烟台川林有限公司,执行"业务工作"|"人力资源"|"人事合同管理"|"劳动合同"命令,进入"用友 ERP-U8 系统管理"对话框。

② 单击打开"业务"下拉列表,选中"变更",弹出"变更劳动合同"对话框,如图 8-5 所示,按实验资料输入相关信息,单击"保存"按钮。

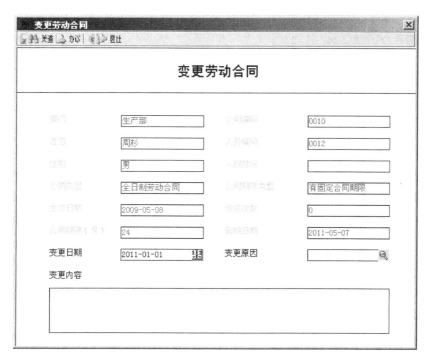

图 8-5 "变更劳动合同"对话框

③ 按以上步骤输入其他人员的变更信息。

8.2.3 合同续签业务

对合同进行续签,需要增加的合同续签业务如表 8-4 所示。

表 8-4 要增加的合同续签业务

签订类型	人员	合同期限类型	合同期限(月)	合同开始日期	合同结束日期	续签日期
续签	张天	固定期限	36	2008-01-01	2011-12-31	2008-01-01
续签	张华	固定期限	12	2008-04-01	2011-04-01	2008-04-01

操作步骤:

① 登录 U8 企业应用平台—烟台川林有限公司,执行"业务工作"|"人力资源"|"人事合同管理"|"劳动合同"命令,进入"用友 ERP-U8 系统管理"对话框。

② 单击打开"业务"下拉列表,选中"续签",弹出"续签劳动合同"对话框,如图 8-6 所示,按实验资料输入相关信息,单击"保存"按钮。

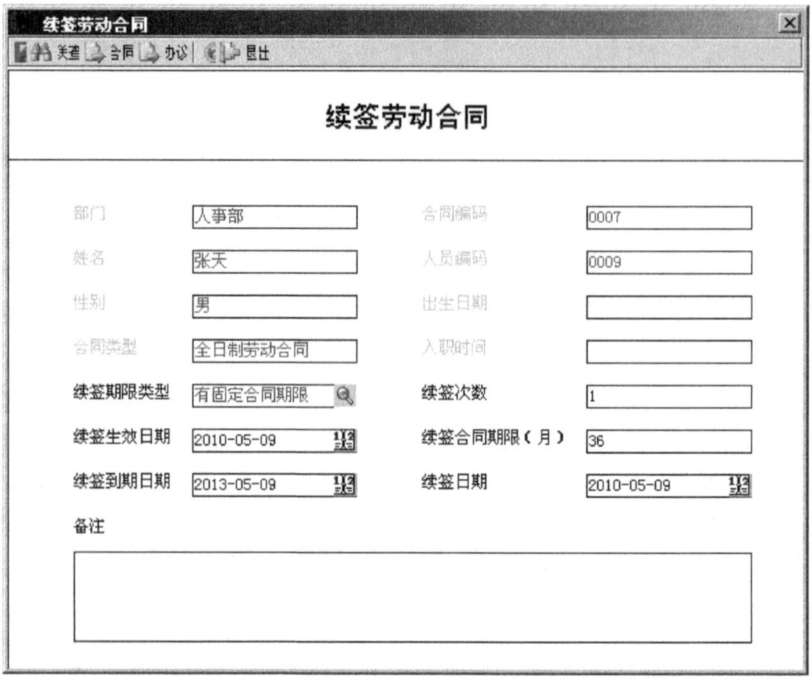

图 8-6 "续签劳动合同"对话框

③ 按以上步骤输入其他人员的信息。

8.2.4 合同终止业务

对合同进行终止，需要增加的合同终止业务如表 8-5 所示。

表 8-5 要增加的合同终止业务

签 订 类 型	人 员	终 止 日 期	终 止 原 因
终止	王涛	2011-01-01	合同到期

操作步骤：

① 登录 U8 企业应用平台—烟台川林有限公司，执行"业务工作"|"人力资源"|"人事合同管理"|"劳动合同"命令，进入"用友 ERP-U8 系统管理"对话框。

② 单击打开"业务"下拉列表，选中"终止"，弹出"终止劳动合同"对话框，如图 8-7 所示，按实验资料输入相关信息，单击"保存"按钮。

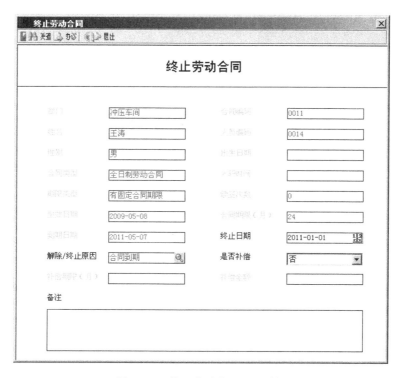

图 8-7　"终止劳动合同"对话框

③　按以上步骤输入其他人员的相关信息。

8.3　劳动争议结果记录

记录发生劳动争议的缘由和处理结果。

操作步骤：

①　登录 U8 企业应用平台—烟台川林有限公司，执行"业务工作"|"人力资源"|"人事合同管理"|"劳动争议"命令，进入"用友 ERP-U8 劳动争议"对话框。

②　单击工具栏上的"增加"按钮，输入发生劳动争议的缘由和处理结果。

③　单击"保存"按钮。

8.4　劳动台账查询

选择需要查询的合同类型、合同状态，查询出各类合同/协议的各种业务处理记录及最新合同状态。

操作步骤：

①　登录 U8 企业应用平台—烟台川林有限公司，执行"业务工作"|"人力资源"|"人

事合同管理"|"协议管理"|"台账"命令，进入"用友 ERP-U8 台账管理"对话框。

② 单击"合同模式"，选择需要查询的合同类型、合同状态，可查询出各类合同/协议的各种业务处理记录及最新合同状态。

8.5　劳动报表查询

选择需要查询的统计报表、统计部门、统计时间范围，可对劳动合同的当前情况、期满情况、初签/解除/终止/续签情况等进行统计。

操作步骤：

① 登录 U8 企业应用平台—烟台川林有限公司，执行"业务工作"|"人力资源"|"人事合同管理"|"统计分析"命令，进入"用友 ERP-U8 统计分析"对话框。

② 选择需要查询的统计报表、统计部门、统计时间范围，可对劳动合同的当前情况、期满情况、初签/解除/终止/续签情况等进行统计。

第 9 章

招 聘 管 理

【实验准备】

- 已安装用友 ERP-U8 V8.72 管理软件人力资源基础设置、人事管理、招聘管理模块。
- 已维护相关组织信息。
- 设置招聘录用审批流程。

【实验目的】

通过本实验使学生掌握 U8-HR 系统中对员工招聘流程的处理,包括应聘信息的采集、测评结果的记录、录用审批、员工报到、入职的全过程处理。

【实验内容】

- 招聘业务。
- 招聘渠道。
- 招聘需求。
- 招聘计划。
- 应聘管理。
- 人才库管理。

【实验方法与步骤】

具体实验方法与步骤详见以下各节所述。

9.1 招聘渠道

需要增加的招聘渠道如表 9-1 所示。

表 9-1　要增加的招聘渠道

渠道类别	渠道名称	所在地区
招聘会	中关村高新人才招聘会	北京
网站	51job	北京
网站	智联招聘	北京
其他	清华大学校园招聘	北京

操作步骤：

① 登录 U8 企业应用平台—烟台川林有限公司，执行"业务工作"|"人力资源"|"招聘管理"|"招聘业务"|"招聘渠道"命令，进入"用友 ERP-U8 招聘渠道"对话框。如图 9-1 所示。

图 9-1　"招聘渠道"设置对话框

② 单击"增加"按钮，弹出"招聘渠道"对话框，如图 9-2 所示，按实验资料输入相关信息，单击"保存"按钮。

图 9-2　"招聘渠道"信息查询对话框

9.2　招聘需求

增加招聘需求，需要增加的招聘需求如表 9-2 所示。

表 9-2　要增加的招聘需求

需求单名称	失效日期	申请人	申请部门	需求岗位	要求到岗日期	需求原因	拟招聘人数
生产部招聘	2011-05-01	周彬	生产部	冲压车间生产人员	2011-01-31	生产需要	10

操作步骤：

① 登录 U8 企业应用平台—烟台川林有限公司，执行"业务工作"|"人力资源"|"招聘管理"|"招聘业务"|"招聘需求"命令，进入"用友 ERP-U8 招聘需求"对话框。

② 单击"增加"按钮，弹出"招聘需求"对话框，如图 9-3 所示，按实验资料输入相关信息，单击"保存"按钮。

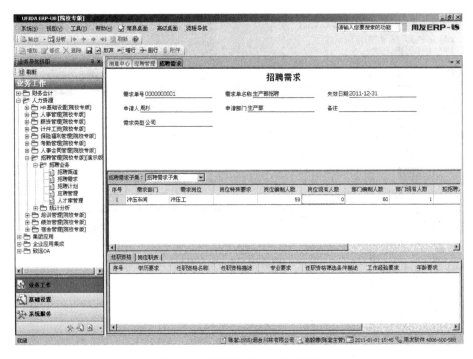

图 9-3 "招聘需求"设置对话框

9.3 招聘计划

增加招聘计划并引入招聘需求，需要增加的招聘计划如表 9-3 所示。

表 9-3 要增加的招聘计划

计划名称	计划人	计划部门	招聘渠道	广告方式	开始时间	结束时间
生产部招聘	孙力	人力资源部	智联招聘	普通列名	2011-01-01	2011-05-01

操作步骤：

① 登录 U8 企业应用平台—烟台川林有限公司，执行"业务工作"|"人力资源"|"招聘管理"|"招聘业务"|"招聘计划"命令，进入"用友 ERP-U8 招聘计划"对话框。

② 单击"增加"按钮，弹出"招聘计划"对话框，按实验资料输入计划名称，计划人和计划部门等相关信息。

③ 单击打开"招聘计划单子集"下拉列表，选择"招聘需求"，打开"招聘需求"对话框，单击"增行"按钮，按实验资料输入招聘渠道、广告方式、开始时间和结果时间等相关信息，如图 9-4 所示。

图 9-4 "招聘计划"设置对话框

④ 单击"引入"按钮，单击"确定"，完成招聘计划的设置。

9.4 招聘管理

增加应聘人员，被录入人员 转到【人事管理】|【人员管理】|【入职管理】中增加、引入、审核。人员档案中就增加了此人，没有录用的人就进入了人才库。

需要增加的应聘人员信息如表 9-4 所示。

表 9-4 要增加的应聘人员信息

应聘人员姓名	身份证号	手机	应聘部门	应聘岗位	执行业务
黄光良	110120197501011234	13832958093	冲压车间	冲压工	初选未通过
王宏	350120197801022333	13552267891	冲压车间	冲压工	录用

操作步骤:

① 登录 U8 企业应用平台—烟台川林有限公司，执行"业务工作"|"人力资源"|"招聘业务"|"招聘管理" |"应聘管理"命令，进入"用友 ERP-U8 应聘管理"对话框。

② 单击"增加"按钮，弹出"应聘管理"信息对话框，如图 9-5 所示，按实验资料输入应聘人员相关信息，单击"保存"按钮。

图 9-5　"应聘管理"信息设置对话框

③ 选择应聘人员，单击打开"执行"下拉列表，执行初试未通过、面试未通过、录入、备选等业务操作。

提示：

如果需对录用人员发送入职通知，就必须填写应聘人员邮箱。

④ 执行"人力资源"|"人事管理"|"人员管理"|"入职管理"命令，单击"增加"按钮，弹出"入职管理"对话框，单击工具栏"引入"，并单击"审核"按钮，人员档案中就增加了此人，没有录用的人就进入了人才库，如图 9-6 所示。

提示：

可点击"人员档案"|"人才库管理"进行查询。

图 9-6　"入职人员列表"对话框

9.5 人才库管理

人才库是企业组建团队、承接任务、选拔角色时的重要的人才源地，通过建立人才库，可以存储应聘者信息，并提供浏览、查询、维护等功能，可以对所需信息随时调用。

提示：

人才库信息需及时更新。

第 10 章

培 训 管 理

【实验准备】

- 已安装用友 ERP-U8 V8.72 管理软件人力资源基础设置、人事管理、培训管理模块。
- 已维护相关组织信息、人员信息、与培训相关的自定义档案信息。

【实验目的】

通过本实验使学生掌握在 U8-HR 系统中实现员工培训工作流程，包括培训资源的管理、培训需求的获取、培训计划的制订、培训活动实施、培训活动评估、培训档案管理的全过程处理。

【实验内容】

- 培训资源。
- 培训需求。
- 培训计划。
- 培训活动。
- 培训评估。
- 员工培训档案。
- 培训报表查询统计分析。

【实验方法与步骤】

具体实验方法与步骤详见以下各节所述。

10.1 培训资源管理

10.1.1 培训教师管理

需要增加的培训教师信息如表 10-1 所示。

表 10-1 要增加的培训教师信息

教 师 编 码	教 师 名 称	教 师 类 别	是 否 有 效
001	马军	内部教师	是
002	李力	外部教师	是

操作步骤:

① 登录 U8 企业应用平台—烟台川林有限公司,执行"业务工作"|"人力资源"|"培训管理"|"培训资源"|"培训教师"命令,进入"用友 ERP-U8 培训教师"对话框。

② 单击"增加"按钮,弹出"培训教师"对话框,按实验资料输入相关信息,单击"保存"按钮,如图 10-1 所示。

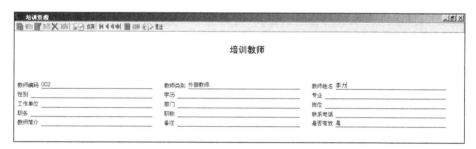

图 10-1 "培训教师"信息设置对话框

10.1.2 培训资料管理

需要增加的培训资料如表 10-2 所示。

表 10-2 要增加的培训资料

资 料 编 码	资 料 类 别	资 料 名 称
001	培训教材	TQM 教材
002	培训文稿	新员工入职培训讲义
003	培训文稿	项目管理培训讲义

操作步骤:

① 登录 U8 企业应用平台—烟台川林有限公司,执行"业务工作"|"人力资源"|"培

训管理"|"培训资源"|"培训资料"命令，进入"用友 ERP-U8 培训资料"对话框。

② 单击"增加"按钮，弹出"培训资料"对话框，按实验资料输入相关信息，单击"保存"按钮，如图 10-2 所示。

图 10-2 "培训资料"设置对话框

10.1.3 培训设施管理

需要增加的培训设施信息如表 10-3 所示。

表 10-3 要增加的培训设施信息

设 施 编 号	设 施 类 别	设 施 名 称
001	培训场地	培训一教
002	培训设备	投影仪

操作步骤：

① 登录 U8 企业应用平台—烟台川林有限公司，执行"业务工作"|"人力资源"|"培训管理"|"培训资源"|"培训设施"命令，进入"用友 ERP-U8 培训设施"对话框。

② 单击"增加"按钮，弹出"培训设施"对话框，按实验资料输入相关信息，单击"保存"按钮。

10.1.4 培训课程管理

需要增加的培训课程信息如表 10-4 所示。

表 10-4 要增加的培训课程信息

课 程 编 号	课 程 名 称	课 程 内 容	是 否 有 效
001	新员工入职培训	技能类课程	是
002	项目管理培训	管理类课程	是
003	U8-HR 软件培训	技能类课程	是

操作步骤:

① 登录 U8 企业应用平台—烟台川林有限公司，执行"业务工作"|"人力资源"|"培训管理"|"培训资源"|"培训课程"命令，进入"用友 ERP-U8 培训课程"对话框。

② 单击"增加"按钮，弹出"培训课程"对话框，如图 10-3 所示。

图 10-3 "培训课程"设置对话框

③ 按实验资料输入相关信息，单击"保存"按钮，如图 10-4 所示。

图 10-4 "培训课程"信息查询对话框

10.2 培训需求

需要增加的培训需求信息如表 10-5 所示。

表 10-5   要增加的培训需求信息

需求部门	需求课程	期望开始日期	期望结束日期
人事部	U8-HR 软件培训	2011-01-15	2011-01-20

操作步骤：

① 登录 U8 企业应用平台—烟台川林有限公司，执行"业务工作"|"人力资源"|"培训管理"|"培训需求"命令，进入"用友 ERP-U8 培训需求"对话框。

② 单击"增加"按钮，弹出"培训需求"对话框，按实验资料输入相关信息，单击"保存"按钮，如图 10-5 所示。

培训需求

需求部门 人事部   需求人   需求课程 U8-HR软件培训
需求内容   需求原因   需求人数
紧迫程度   培训类别   培训方式
培训目标   期望开始日期 2011-01-15   期望结束日期 2011-01-20
预计培训学时   预计费用总额   填报人
填报日期 2011-01-01   需求满足状态 未满足   备注
需求类型 公司

图 10-5   "培训需求"设置对话框

10.3   培训计划

需要增加的培训计划信息如表 10-6 所示。

表 10-6   要增加的培训计划信息

计划表名	计划级别	计划部门	计划类型	计划年度	计划月度
U8-HR 软件培训	部门级	人力资源部	月度计划	2011	1

培训名称	培训类别	培训方式	培训内容	计划开始时间	计划结束时间	培训人数
U8-HR 软件培训	岗位培训	其他	U8-HR 管理软件	2011-01-16	2011-01-20	3

操作步骤：

① 登录 U8 企业应用平台—烟台川林有限公司，执行"业务工作"|"人力资源"|"培训管理"|"培训计划"命令，进入"用友 ERP-U8 培训计划"对话框。

② 单击"增加"按钮，弹出"培训计划"对话框，按实验资料输入相关信息，如图

10-6 所示。

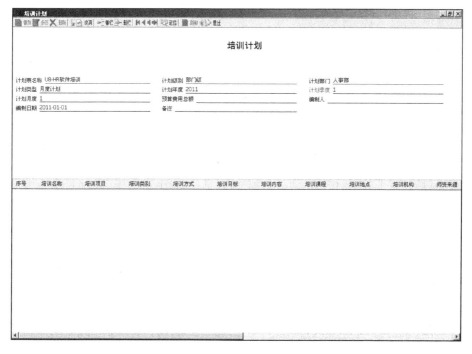

图 10-6　"培训计划"设置对话框

③ 单击"增行"按钮，弹出如图 10-7 所示对话框，输入培训计划的内容，单击"保存"按钮。

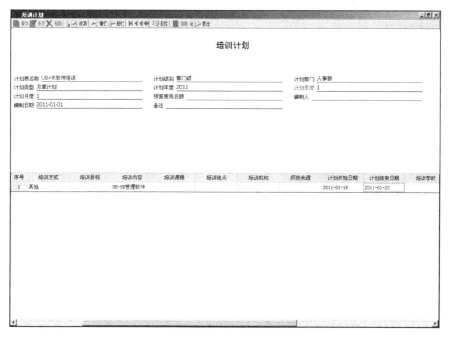

图 10-7　"培训计划"设置对话框

10.4 培训活动

导入培训计划，增加培训活动课程安排信息。需要增加的培训活动课程安排信息如表10-7所示。

表 10-7 要增加的培训活动课程安排信息

课程名称	授课教师	课程学时	授课开始日期	授课开始时间	授课结束日期	授课结束时间
U8-HR软件培训	李力	10	2011-01-16	8：00	2011-01-17	17：00

操作步骤：

① 登录 U8 企业应用平台—烟台川林有限公司，执行"业务工作"|"人力资源"|"培训管理"|"培训活动"命令，进入"用友 ERP-U8 培训活动"对话框。

② 单击"导入"按钮，弹出"导入计划"对话框，选择需导入的培训计划，单击"确定"按钮，弹出"培训活动"对话框，如图 10-8 所示。

提示：

选择需导入的培训计划时，需双击"选择"，在培训名称前标记"Y"即为选中。

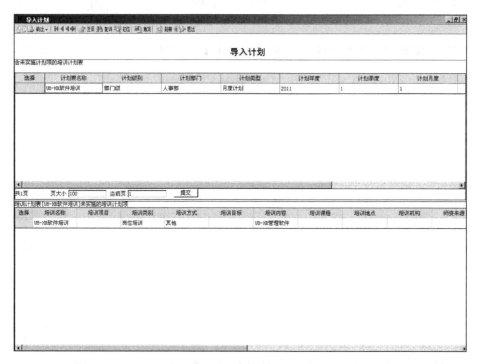

图 10-8 "导入计划"对话框

③ 输入相关资料，单击"保存"按钮，如图 10-9 所示。

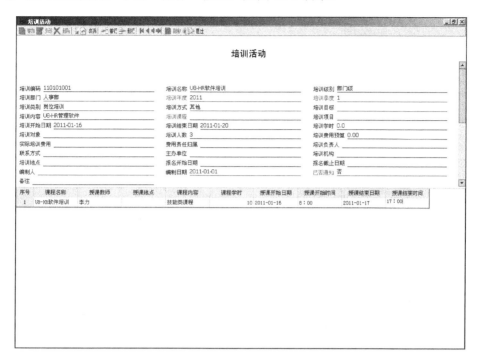

图 10-9 "培训活动"设置对话框

10.5 培训评估

需要增加的培训活动的评估信息如表 10-8 所示。

表 10-8 要增加的培训活动的评估信息

培训名称	评估项目	评估结果
U8-HR 软件培训	课程内容满意度	优
U8-HR 软件培训	授课教师满意度	优
U8-HR 软件培训	培训总体效果	良

操作步骤：

① 登录 U8 企业应用平台—烟台川林有限公司，执行"业务工作"|"人力资源"|"培训管理"|"培训评估"命令，进入"用友 ERP-U8 培训评估"对话框。

② 单击"增加"按钮，输入评估项目和评估结果，单击"保存"按钮，如图 10-10 所示。

图 10-10 "培训评估"设置对话框

提示：

① 在输入评估项目和评估结果的时候，可以手动输入，也可参照输入。参照输入时，双击评估项目空白处，弹出 :: 按钮，单击此按钮，弹出如图 10-11 所示对话框，选择好所需要的信息后双击即可。

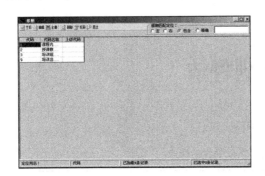 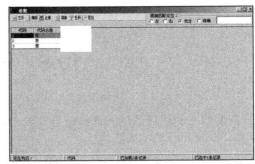

图 10-11 参照输入对话框

② 增加一行会保存，再增加一行。

10.6 员工培训档案

批量增加员工培训档案及参加的培训信息，需要增加的培训档案如表 10-9 所示。

表 10-9 要增加的培训档案

培训名称	培训级别	培训部门	计划开始时间	计划结束时间
U8-HR 软件培训	部门级	人事部	2011-01-16	2011-01-17

操作步骤：

① 登录 U8 企业应用平台—烟台川林有限公司，执行"业务工作"|"人力资源"|"培训管理"|"员工培训档案"命令，进入"用友 ERP-U8 员工培训档案"对话框。

② 单击"批增"按钮，选择培训活动，单击左上角"部门"选中"人力资源部"，单击工具栏"全选"按钮，然后单击"确定"按钮，如图 10-12 所示。

图 10-12　培训活动"批量窗口"设置对话框

10.7　统计分析

对公司培训活动报表、培训员工统计表的查询。

操作步骤：

① 登录 U8 企业应用平台—烟台川林有限公司，执行"业务工作"|"人力资源"|"培训管理"|"统计分析"命令，进入"用友 ERP-U8 统计分析"对话框。

② 双击"动态报表"对公司培训活动报表、培训员工统计表进行查询。

第 11 章

绩 效 管 理

【实验准备】

- 已安装用友 ERP-U8 V8.72 管理软件人力资源基础设置、人事管理、绩效管理。
- 已维护相关组织信息、人员信息、与绩效管理有关的自定义档案信息。

【实验目的】

通过本实验，使学生掌握在 U8-HR 系统中实现员工绩效管理流程，包括评分方式、绩效计划、绩效反馈、报表的统计分析等绩效管理的全过程处理。

【实验内容】

- 基础设置
    - ◆ 考评指标库。
    - ◆ 评分方式。
    - ◆ 考评量表模板。
- 绩效计划
- 考评结果
- 绩效反馈
- Web 应用
- 统计分析

【实验方法与步骤】

具体实验方法与步骤详见以下各节所述。

11.1 基础设置

11.1.1 考评指标库

需要增加的指标信息如表 11-1 所示。

表 11-1 要增加的指标信息

指 标 名 称	评分标准	计 量 单 位	是 否 有 效
工作任务完成情况考核	百分制	分	是

操作步骤:

① 登录 U8 企业应用平台—烟台川林有限公司,执行"业务工作"|"人力资源"|"绩效管理"|"基础设置"|"考评指标库"命令,进入"用友 ERP-U8 考评指标库"对话框。

② 单击"增加"按钮,弹出"考评指标库"对话框,输入指标名称,评分标准,计量单位和是否有效等信息,如图 11-1 所示。

图 11-1 "考评指标库"设置对话框

③ 单击"保存"按钮,完成考评指标库的设置。

11.1.2 评分方式

本节用于定义评分方式及评分方式的有效分值范围(如 0 至 100 分、0 至 120 等)或等级标准(如优、良、合格、差;A、B、C、D、E 等)等。

11.1.3 考评量表模板

需要增加的考评量表模板信息如表 11-2 所示。

表 11-2　要增加的指标信息

模板名称	指标类别	指标名称	指标权重/%	上上级权重/%	上级权重/%	同级权重/%	自评权重/%	下级权重/%	是否细分目标任务
工作任务评分	工作任务完成情况考核	工作任务完成情况考核	100	10	50	10	20	10	否

操作步骤：

① 登录 U8 企业应用平台—烟台川林有限公司，执行"业务工作"|"人力资源"|"绩效管理"|"基础设置"|"考评量表模板"命令，进入"用友 ERP-U8 考评量表模板"对话框。

② 单击"增加"按钮，弹出"考评量表模板"对话框，输入模板名称，考评类别。再单击"增行"按钮，输入指标名称，指标权重等信息，如图 11-2 所示。

图 11-2　"考评量表"设置对话框

③ 单击"保存"按钮，完成考评量表模板的设置。

11.2　绩效计划

本节主要讲绩效计划的增加与启用。需要增加的绩效计划如表11-3所示。

表 11-3　要增加的绩效计划

绩效计划名称	考评期间开始日期	考评期间结束日期	评分方式	考评周期	周期值
工作任务完成情况考核	2011-01-15	2011-01-25	百分制	月度	1

需要增加的量表信息如表 11-4 所示。

表 11-4　要增加的量表信息

量表名称	适用模板	量表适用部门	考评类别	考评对象责任人
工作任务评分	工作任务评分	人力资源部	人员考评	均为"张天"

操作步骤：

① 登录 U8 企业应用平台—烟台川林有限公司，执行"业务工作"|"人力资源"|"绩效管理"|"绩效计划"命令，进入"用友 ERP-U8 绩效计划"对话框。

② 单击"增加"按钮，弹出"绩效计划"对话框，输入绩效计划名称、考评期开始日期、考评期结束日期、评分方式、考评周期和周期值等信息，如图 11-3 所示。

图 11-3　"绩效计划"基本信息设置对话框

提示：

考评结束日期不能早于考评开始日期。

③ 单击"保存"按钮，单击"增加"按钮，弹出如图 11-4 所示对话框。选择"量表"单选按钮，单击"确定"。

④ 单击 "引入" 按钮，弹出如图 11-5 所示对话框，单击"考评量表模板"按钮，弹出如图 11-6 所示对话框，双击模板后如图 11-7 所示，单击"确定"。

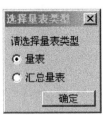

图 11-4　"选择量表类型"对话框

图 11-5　选择引入类型

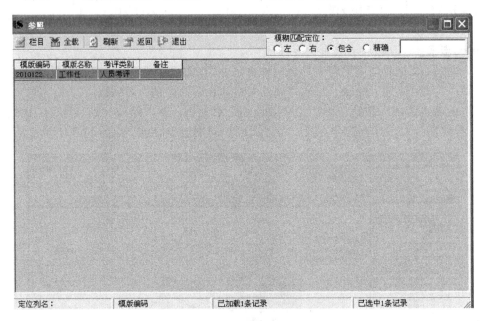

图 11-6　考评量表模板参照

图 11-7　选择引入类型

⑤　输入量表名称，考评类别等信息，输入量表适用部门为"人事部"，弹出如图 11-8 所示对话框。单击"是"，将考评对象负责人均设为"张天"。

图 11-8　量表是否重新设置对话框

⑥　单击"保存"按钮，完成"绩效计划"的设置。

⑦　关闭绩效计划窗口，再次进入"绩效计划"，单击"业务"|"启动"，如图 11-9 所示。

图 11-9　启动绩效计划

11.3　Web 应用

基于 Web 的绩效考核系统用于在线测评。各评估主体在被系统授予操作权限后，即可提交对被测评人员的测评分数，系统自动给出相应的测评结果，极大地提高了考核分数的提交、汇总的效率，方便管理员进行查询及比较分析等系统操作。

需要在系统管理中增加用户信息如表 11-5 所示。

表 11-5　要增加的用户信息

用 户 编 号	用 户 名	密 码
0007	张天	空
0008	孙力	空
0009	张华	空
0001	李磊	空

操作步骤：

① 以系统管理员身份登录系统(admin，密码为空)，执行"权限"|"用户"命令，打开"用户管理"对话框。

② 单击"增加"按钮，打开"增加用户"对话框，输入用户编号、用户名等信息，在所属角色列表中选中"账套主管"前的复选框，如图 11-10 所示。

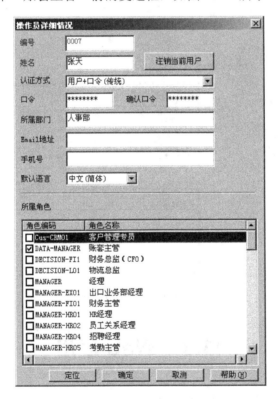

图 11-10　"所属角色"列表

③ 单击"保存"按钮。依次设置其他操作员，设置完成后单击"取消"按钮退出。把 0001、0007、0008、0009 对应都设为操作员。

操作步骤：

① 登录 U8 企业应用平台—烟台川林有限公司，执行"人事管理"|"人员档案"命令，进入"用友 ERP-U8 人员列表"对话框。

② 双击人员所在列表行，弹出"人员档案"对话框，单击"修改"按钮，选中"是否操作员"复选框，设置"对应操作员名称"， 例如"张天"对应操作员为"张天"，单击"保存"，弹出是否同意修改对话框，单击"是"，如图 11-11 所示。

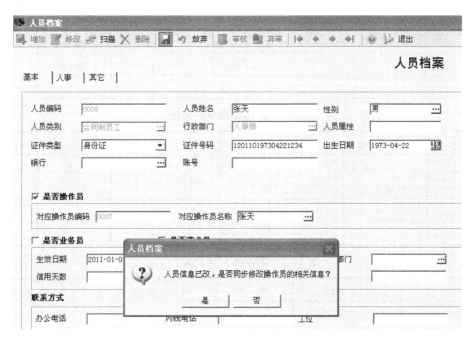

图 11-11　设置操作员

③ 单击"退出"按钮，依次设置其他操作员。设置完成后单击"退出"按钮退出。

11.4　考评结果

对考评结果进行 Web 应用。需要 Web 应用的信息如表 11-6～表 11-11 所示。

表 11-6　要 Web 应用的信息(1)

考评对象	指标类	目标值	考评关系	关系权重	考评人	考评人权重
孙力	工作任务完成情况考核	1	上上级	20	李磊	1
			上级	50	张天	1
			同级	10	张华	1
			自评	20	孙力	1

表 11-7　要 Web 应用的信息(2)

考评对象	指标类	目标值	考评关系	关系权重	考评人	考评人权重
张华	工作任务完成情况考核	1	上上级	20	李磊	1
			上级	50	张天	1
			同级	10	孙力	1
			自评	20	张华	1

表 11-8　要 Web 应用的信息(3)

考评对象	指标类	目标值	考评关系	关系权重	考评人	考评人权重
张天	工作任务完成情况考核	1	上级	60	李磊	1
			自评	20	张天	1
			下级	20	张华	1

表 11-9　要 Web 应用的信息(4)

考评对象	指标	实际值	考评关系	指标评分
张天	工作任务完成情况考核	85	自评	85
孙力	工作任务完成情况考核	80	上级	80
张华	工作任务完成情况考核	83	上级	83

表 11-10　要 Web 应用的信息(5)

考评对象	指标	实际值	考评关系	指标评分
孙力	工作任务完成情况考核	89	自评	89
张华	工作任务完成情况考核	90	同级	90
张华	工作任务完成情况考核	85	自评	85
孙力	工作任务完成情况考核	85	同级	85
张天	工作任务完成情况考核	90	上级	90

表 11-11 要 Web 应用的信息(6)

考 评 对 象	指 标	实 际 值	考 评 关 系	指 标 评 分
张天	工作任务完成情况考核	90	下级	90
孙力	工作任务完成情况考核	90	下下级	90
张华	工作任务完成情况考核	90	下下级	90

操作步骤:

① 登录 U8 企业应用平台—烟台川林有限公司,执行"绩效管理"|"Web 应用"命令。

② 以 0007 操作员进入"人力资源"|"绩效管理"|"考评计划"|"工作任务完成情况考核"|"工作任务评分"|"考评量表分配", 根据表 11-6~表 11-11 进行考评量表分配—保存—发布,如图 11-12 所示。

图 11-12 "考评量表分配"对话框

③ 分别以 0007、0008、0009、0001 操作员进入"人力资源"|"绩效管理"|"当前考评计划"|"工作任务完成情况考核"|"绩效评价"|"评价",对考评对象进行指标评分,根据表 11-6~表 11-11 输入"自评"及"评价他人"。注意每评价一人后保存分数并提交。一个一个地提交,如图 11-13 所示。

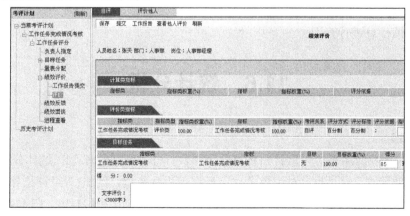

图 11-13 "绩效评价"对话框

④ 登录 U8 企业应用平台—烟台川林有限公司，打开"绩效管理"|"考评结果"，打开"工作任务评分"，显示考评结果，分别单击"全选"|"计算"、"全选"|"汇总"、"全选"|"审核"，如图 11-14 所示。

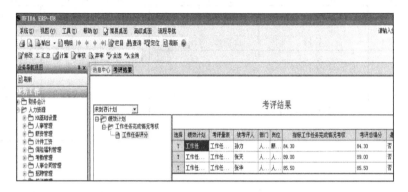

图 11-14　绩效审核

11.5　绩效反馈

需要增加的绩效反馈信息如表 11-12 所示。

表 11-12　要增加的绩效反馈信息

人员姓名	对本次考核的意见	对上级的意见及建议	希望得到的帮助
张华	本次考核比较合理	希望领导能够合理的分配工作任务	需要一些业务培训

操作步骤：

① 以 0009 操作员进入"人力资源"|"绩效管理"|"当前考评计划"|"工作任务完成情况考核"|"绩效反馈"，点击"我要反馈"，对本次绩效考核进行信息反馈、保存并提交。

② 登录 U8 企业应用平台—烟台川林有限公司，选择"绩效管理"|"绩效反馈"，对绩效考评反馈信息进行查询。

11.6　统计分析

操作步骤：

登录 U8 企业应用平台—烟台川林有限公司，打开"绩效管理"|"统计分析"|"动态报表"|"绩效管理"对话框，对绩效考评信息报表进行查询，例如："考评指标汇总"、"员工绩效考评"、"员工考评结果汇总"等报表，分别如图 11-15、图 11-16、图 11-17 所示。

动态报表数据预览

考评指标汇总

序号	指标编码	指标名称	指标定义	评分标准	上级指标
1	20101222001	工作任务完成情记		百分制	

图 11-15 “考评指标汇总”表

动态报表数据预览

员工绩效考评

绩效计划:	工作任务完成情况考核		考评量表:	工作任务评分		考评类别:	员工考评
考评期间:	2011-1-1	至	2011-1-25	考评时间段:	2011-1-1	至	2011-1-25
姓名:	孙力	部门:	人事部	岗位:	薪酬专员		
指标类	指标类权重	指标名称	指标权重	指标定义	评价标准	得分	
工作任务完成	1.00	工作任务完成	1.00		百分制	84.30	

图 11-16 “员工绩效考评”表

动态报表数据预览

员工考评结果汇总

考评类别:	员工考评			
绩效计划:	工作任务完成情况	考评量表:	工作任务评分	
考评期间:	2011-1-1	至	2011-1-25	
考评时间段:	2011-1-1	至	2011-1-25	
序号	姓名	岗位	部门	考评总得分
1	孙力	薪酬专员	人事部	84.30
2	张天	人事部经理	人事部	89.00
3	张华	人事专员	人事部	85.50

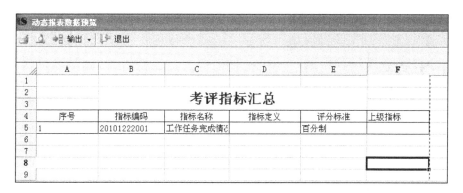

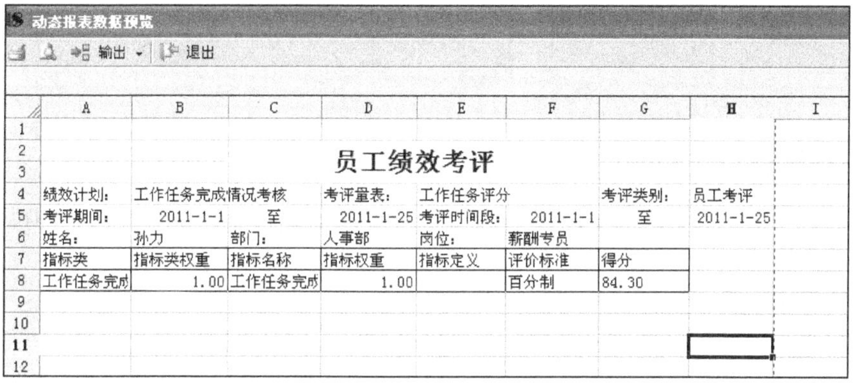

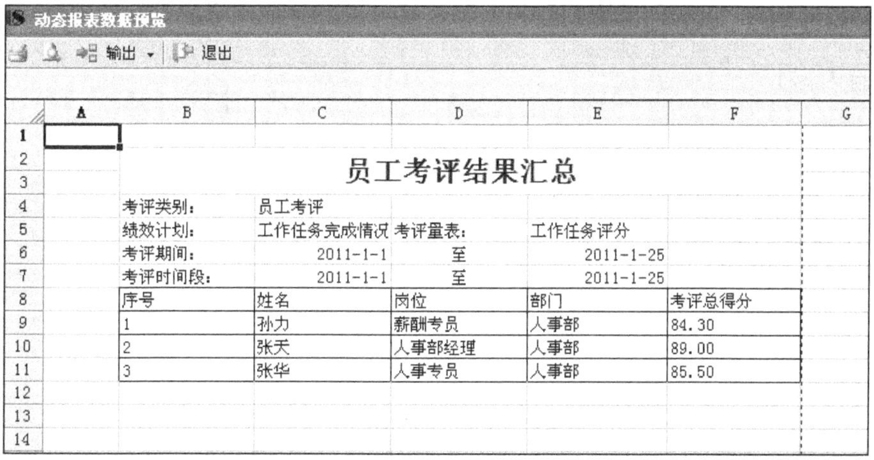

图 11-17 “员工考评结果汇总”表

第12章

宿 舍 管 理

【实验准备】

- 已安装用友 ERP-U8 V8.72 管理软件人力资源基础设置模块、人事管理模块、宿舍管理模块。
- 已维护相关组织信息、人员信息、与宿舍管理相关的自定义档案信息。

【实验目的】

通过本实验，使学生掌握在 U8-HR 系统中实现员工宿舍管理流程，包括宿舍的设置、宿舍分配、房间费用、人员费用、报表的统计分析等宿舍管理的全过程处理。

【实验内容】

- 基础设置
  - ◆ 宿舍设置。
  - ◆ 费用项目设置。
- 日常业务
  - ◆ 宿舍分配。
  - ◆ 房间费用设置。
  - ◆ 人员费用设置。
- 统计分析

【实验方法与步骤】

具体实验方法与步骤详见以下各节所述。

12.1 基础设置

12.1.1 宿舍设置

需要增加的物业信息、楼信息、单元信息、房间信息、卧室信息、床位信息分别如表 12-1 和表 12-2 所示。

表 12-1 要增加的物业信息、楼信息、单元信息、房间信息

物业编号	物业名称	该物业是否有楼、单元节点	楼编号	楼号	单元编号	单元号	房间编号	房号
001	东升物业	是	001001	1 号楼	001001001	1 单元	0010010010101	101 房间
001	东升物业	是	001002	2 号楼	001001002	2 单元	0010010020202	202 房间

表 12-2 要增加的卧室信息和床位信息

卧室编号	卧室号	卧室类别	是否预留	床位月租	床编号	床号
0010010010101-01	101 号	单人间	否	600	0010010010101-01-001	1 号
0010010020202-01	202-01	多人间	否	300	0010010020202-01-001	1 号
0010010020202-01	202-02	多人间	否	300	0010010020202-01-002	2 号

操作步骤:

① 登录 U8 企业应用平台—烟台川林有限公司,执行"业务工作"|"人力资源"|"宿舍管理"|"基础设置"|"宿舍设置"命令,进入"用友 ERP-U8 宿舍设置"对话框。

② 单击"增加"按钮,弹出"物业设置"对话框,输入物业编码、物业名称、该物业是否具有楼和单元节点等信息,如图 12-1 所示。单击"保存"按钮,完成物业设置。

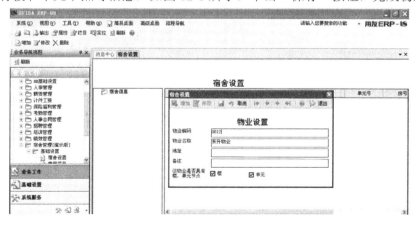

图 12-1 "物业设置"对话框

③ 选中宿舍信息下的物业公司，然后单击"增加"按钮，依次进行楼的设置，如图 12-2 所示。

图 12-2 "楼设置"对话框

④ 单元信息、房间信息、卧室信息、床位信息的设置步骤同上，分别如图 12-3 和图 12-4 所示。

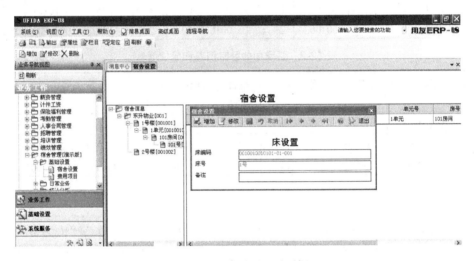

图 12-3 "床设置"对话框

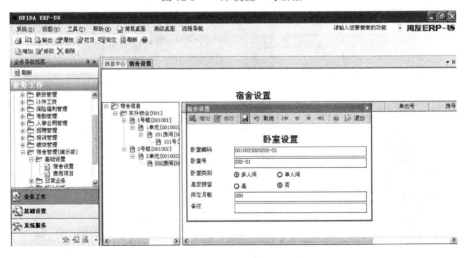

图 12-4 "卧室设置"对话框

12.1.2 费用项目

需要增加的费用项目信息如表 12-3 所示。

表 12-3 要增加的费用项目信息

费用项目名称	是否计算	是否均摊	是否显示
上网费	否	是	是

操作步骤：

① 登录 U8 企业应用平台—烟台川林有限公司，执行"业务工作"|"人力资源"|"宿舍管理"|"基础设置"|"费用项目"命令，进入"用友 ERP-U8 费用项目"对话框。

② 单击"增加"按钮，弹出"费用设置"对话框，输入费用项目名称，设置是否计算、是否均摊、是否显示等信息，如图 12-5 所示。

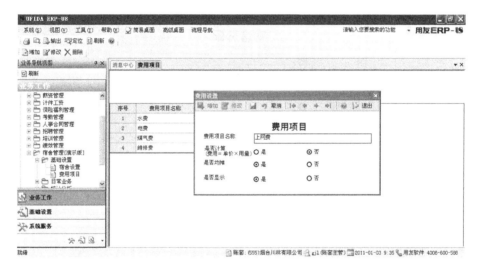

图 12-5 "费用设置"对话框

③ 单击"保存"按钮，完成费用项目的设置。

12.2 日常业务

12.2.1 宿舍分配

需要增加的宿舍分配信息如表 12-4 所示。

表 12-4 要增加的宿舍分配信息

床号编号	床号	卧室类别	入住人员	性别	入住时间	押金数额
01010101-01-001	1 号	单人间	闫晓娟	女	2009-09-01	200
01010201-01-001	1 号	多间人	刘丽	女	2011-01-11	200
01010201-01-002	2 号	多人间	杨阳	女	2009-06-01	200

操作步骤:

① 登录 U8 企业应用平台—烟台川林有限公司,执行"业务工作"|"人力资源"|"宿舍管理"|"日常业务"|"宿舍分配"命令,进入"用友 ERP-U8 宿舍分配"对话框。

② 先选择"101 房间",然后单击"分配"按钮,弹出"宿舍分配"对话框,输入床号、卧室类别、入住人员、性别、入住时间和押金数额等信息,如图 12-6 所示。

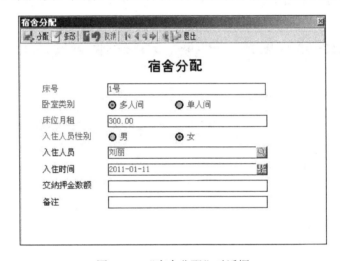

图 12-6 "宿舍分配"对话框

③ 单击"保存"按钮,完成对 101 宿舍的分配。

④ 选择 202 房间,然后单击"分配"按钮,弹出"宿舍分配"对话框,输入床号:1号,卧室类别:多人间,入住人员:刘丽,性别:女,入住时间:2011-01-11 和押金数额:200 等信息。

⑤ 单击"保存"按钮,完成 202 宿舍 1 号床的分配。

⑥ 选择 202 房间,然后单击"分配"按钮,弹出"宿舍分配"对话框,输入床号:2号,卧室类别:多人间,入住人员:杨阳,性别:女,入住时间:2009-07-1 和押金数额:200 等信息。

⑦ 单击"保存"按钮,完成 202 宿舍 2 号床的分配。

12.2.2　房间费用

生成或追加生成房间费用，录入房间费用。需要增加的房间费用信息如表 12-5 所示。

表 12-5　要增加的房间费用信息

房号	用水量	用电量	用气量	上网费
101 号	4	20	10	30
202 号	8	30	20	30

操作步骤：

① 登录 U8 企业应用平台—烟台川林有限公司，执行"业务工作" | "人力资源" | "宿舍管理" | "日常业务" | "房间费用"命令，进入"用友 ERP-U8 房间费用"对话框。

② 单击"生成"按钮，弹出"房间费用"对话框，如图 12-7 所示。

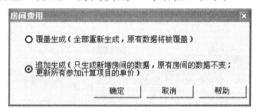

图 12-7　"房间费用"对话框

③ 选中"追加生成"单选按钮，单击"确定"按钮，弹出"房间费用"对话框，如图 12-8 所示。

图 12-8　"房间费用"设置对话框

④ 单击"修改"按钮，手动输入房号、用水量、用电量、用气量和上网费等信息，单击"保存"按钮，弹出如图 12-9 所示的对话框。

图 12-9 提示对话框

⑤ 单击"确定"按钮，生成房间费用，如图 12-10 所示。

图 12-10 "房间费用"信息对话框

12.2.3 人员费用

生成人员费用表、计算并审核。

操作步骤：

① 登录 U8 企业应用平台—烟台川林有限公司，执行"业务工作"|"人力资源"|"宿舍管理"|"日常业务"|"人员费用"命令，进入"用友 ERP-U8 人员费用"对话框。

② 单击"生成"按钮，弹出"人员费用"对话框，如图 12-11 所示。

③ 单击"审核"按钮，完成人员费用的生成与审核。

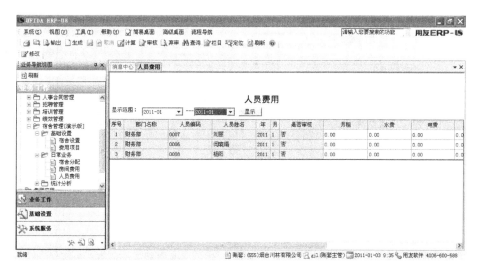

图 12-11　"人员费用"信息对话框

12.3　统计分析

查询宿舍管理的相关报表，例如：宿舍费用汇总表、宿舍入住情况统计表、宿舍入住明细表、宿舍月费用明细表。

操作步骤：

① 登录 U8 企业应用平台—烟台川林有限公司，执行"业务工作"|"人力资源"|"宿舍管理"|"统计分析"命令，进入"用友 ERP-U8 统计分析"对话框。

② 执行"常用报表"命令，弹出"选择报表"对话框，如图 12-12 所示。

图 12-12　"选择报表"对话框

③ 选择"宿舍费用汇总表"，单击"确定"按钮，弹出"请输入统计所需的信息"对话框，选择"要统计的费用信息"中所需的信息项，如图 12-13 所示。

图 12-13　统计参数信息设置对话框

④ 单击"确定"按钮,宿舍费用汇总表生成,如图 12-14 所示。

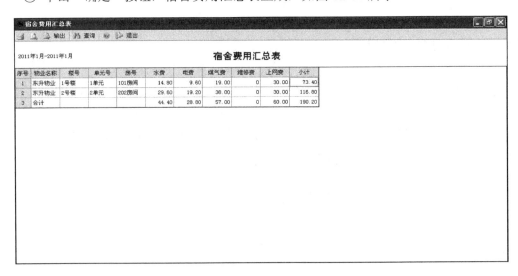

图 12-14　宿舍费用汇总表

⑤ 宿舍入住情况统计表、宿舍入住明细表、宿舍月费用明细表的查询步骤同前述步骤。